心理療法家がよみとく「君の名は。」

目に見えないイメージの力

山 愛美

新曜社

目次

装幀　臼井　新太郎
装画　いとうあつき

序章　今『君の名は。』を読む

『君の名は。』は、2016年8月に公開された新海誠監督のアニメーション映画である。公開とともに人々の話題にのぼり、当時ニュースでも盛んに取り上げられていた。

美しい風景の映像を背景にして、前世の契り故ということなのか、夢の中で突然体が入れ替わった男女の高校生が赤い糸（組紐）に呼び寄せられるかのように、時間と空間を超えて現実世界で出逢いを果たすという、一見斬新で現代的であると同時に、きわめて古典的、前近代的な物語が繰り広げられる。映画のキャッチフレーズが「まだ会ったことのない君を、探している」ということで、一見ロマンチックな恋物語を思わせる。しかし、新海（2016）は『君の名は。公式ビジュアルガイド』の中で、「恋を描きたいと最初に思っていたわけではなくて、出会うべき運命にあるけれどまだ出会っていない2人の話を作りたいというのがシンプルな動機だったんだと思います」と述べている。

また、新海はインタビュー（新海 2017）で、『君の名は。』が2011年の東日本大震災の影響を受けて生まれた作品だったことを明らかにしており、震災で大きな被害を受けた宮城県名取市内の劇場で舞台挨拶をした折に、新海は「ここは自分の町だったかもしれない。自分が閉上のあなただったらと思い、もしも自分があなただったらという、入れ替わりの映画をつくろうと思った」と述べたという（朝日新聞デジタル 2018/6/17）。

公開から何年も経った今、なぜ『君の名は。』なのか、と思われるかもしれない。その点について、ここで少し述べておきたい。

『君の名は。』は、二人の男女の高校生が出逢うというきわめて個人的な物語である。ところが一方で、彗星が１２００年おきに落下するという宇宙的な世界観と、日本列島に人が棲みついてからの悠久の時間の流れの中、物語は生者の世界（此岸）にとどまらず死者の世界（彼岸）にも及ぶ。個人の小さな物語と宇宙レベルの大きな物語がいったいどのように関わるのか。そしてさらに、そこに日本の古代からの伝統文化や、それらを支える独特の宗教観が描かれている。そのあたりが、海外でも注目された所以だと思われる。

ちなみに『君の名は。』は、２０２２年現在、日本の歴代興行収入ランキングで、日本映画としては『鬼滅の刃』、『千と千尋の神隠し』についで第3位（ＣＩＮＥＭＡランキング通信 2022/6/26 現在）、世界における日本のアニメーション映画の興行収入でも第3位（世界歴代興行収入上位の日本のアニメ映画：Wikipedia）となっており、いずれも上位につけている。また、日本アカデミー賞でアニメーション作品では初の「優秀監督賞」、「最優秀脚本賞」、ロサンゼルス映画批評家協会賞「アニメ映画賞」など国の内外で数多くの賞の受賞もしており、海外でも注目されたことが窺える。

新海誠監督にしても宮崎駿監督にしても、もちろんこの二人の描く世界観は異なるが、彼らは、現代に生きる我々の心に触れる「何か」をもつ物語を創作し、アニメーション映画という手法を用いてそれを表現できる人たちである。しかもそれは日本国内のみならず、海外でも受け入れられているということから、言語、文化、民族を超えて訴えかける今の時代にとっての「何か」なのである。

私は、深層心理学的な視点に立つ心理療法家として『君の名は。』を読み解くことで、現代人の心について論考を深めることができないだろうか、と考えるようになった。深層心理学とは、人間の心について考えるときに、本人が意識できている部分だけではなく、本人が気づいていない無意識の領域まで視野に入れて考えるという立場である。機内で観たときの映画の印象を大切にしながら（注：この点に関しては「あとがき」を参照していただきたい）、心理療法において夢を扱うときのように物語のイメージを深められないかと思うのである。

心理療法家は、心理面接の中で、クライエント（心理療法を求めて来られる来談者）から、日常では語られることのないたくさんの話を聞かせていただく。我々は、そのような経験を通して、自分の人生からだけでは知り得ない人間の心のことを知ることになる。そして、当然のことながら、社会的な視点から個人的な視点、目に見える表層的な視点から心の奥深く入り込むような視点、「今・ここ」の視点から距離をとって俯瞰してみる視点など、複眼的、多層的、多義的な見方ができることが求められる。

心について何かを語るには、本当は、面接の内容を提示すると最もわかりやすいのかもしれないが、我々には守秘義務がある。そして、そもそもとてもそんな気にはならない。

シンポジウムやワークショップなど機会あるごとに、私は『君の名は。』をテクストとして幾つかの視点から読むことを通して、現代人の心について、現代社会について、論考を深めることを試みてきた（山 2017/2019, 2018, 2021）。目に見えないイメージがいかに時空を超えてつながり得るか、そしてそのようなイメージが、我々の日常生活のみならず、人知れず社会全体をも動かしているのではないか、ということを考えてきた。

新型コロナ感染のパンデミックが拡大しつつあった２０２０年夏頃からは「共時性 synchronicity」や「類心的 psychoid」といったユング心理学の概念を用いて、現代人の心について一冊の本を書くことを構想としてもつようになった。正直、このときは、これまで考えてきたことを書いていけばいいだけなので、すぐに書けるものだと高を括っていた。しかし、２０２０年末に、第1章から第3章までは書き終えていたものの、その後は、断片的なアイディアをもち、いくつかのトピックについて章立てをしては、それぞれ書き散らかしている状態だった。当時、三葉と瀧が融合した未分化な状態から、どのようにして意識が生じ、自我が生まれるのかについて考え（第3章）、コロナ禍における「境界」について考えていた。なお、本書の一部は、２０２１年に発表した「アニメーション映画『君の名は。』を巡る試論」（臨床心理身体運動学研究 第23巻第1号9-26頁）が初出である。

２０２２年に入り、生来、怠惰で遅筆の私のために、出版社から1章書くたびに送付するというアイディアをいただいた。再び腰を据えて取り組むことを決心し、第4章を書き終えて2月23日に出版社に送付した。翌日2月24日は、忘れもしないロシアのウクライナ侵攻が始まった日である。第10章を書き上げて送付したのが4月18日だったため、第5章以降は、ずっと長引くコロナ禍と、ロシアとウクライナの間の緊迫した緊張状態の中、多くの人々の不条理な死の報道を日々耳にしながら書き続けた。このことは、『君の名は。』の読み解きにも少なからず影響しているように思われる。特に第8章、第9章、第10章は、当初構想していた内容とはかなり変わるが、この時期だからこそ書かずにはおれなかったことを大切にしようと書き綴った。当初、第10章を書き終えた時点で、書き終えたつもりだった。しかしその後、ずっと頭にあった「現代における『君の名は。』の意味」を問うておく必要性を感じるようになり、6月に入ってから第11章として追加した。

第4章以降は、各章1週間ほどの限られた時間で、自ら設定したテーマと向き合いながら執筆をするという方法をとった。各章を読み進めるうちに、何か発見があり、共に感じ入る体験をしていただければ幸いである。

第1章　『君の名は。』という物語

Ⅰ　登場人物

『君の名は。』の物語の内容に入る前に、まず主な登場人物を紹介する。

『君の名は。』は、初めに、新海誠が一人で執筆した『小説 君の名は。』が２０１６年６月に出版され、それを映画化したものが同年8月に公開されている。両者の間には、登場人物の台詞などにも多少の違いがあるので、以下、引用箇所にページ数を明記した場合には、『小説 君の名は。』（新海 2016）からの引用を示す（なお、原本のルビは適宜省略した）。

宮水三葉：17歳の女子高校生。祖母の一葉、9歳の小学生の妹四葉とともに、岐阜県飛騨地方の糸守という山深い町に住んでいる。宮水家は代々続く宮水神社を継ぐ家系で、祖母は神社に仕える神主、三葉と四葉は巫女である。二人の母親である二葉は、四葉が幼い頃に病気で他界している。民俗学者だった父親の俊樹は、二葉と結婚して宮水家を継ぐべく婿養子になったものの、二葉の死後、神職を捨てて宮水家を出て町長になっている。そのため、一葉、三葉と俊樹の間の関係は拗《こじ》れたままで、和解には至っていない。このような状況の中、糸守に古来伝わる口噛み酒、組紐、巫女舞など、宮水神社の伝承の任を背負う立場にある三葉は、「もうこんな町いやや！　こんな人生いやや！　来世は東京のイケメン男子にしてくださーい！」と叫んでいた。三葉には、高校の同級生の早耶香（サヤちん）と勅使河原（テッシー）という友達がいる。

立花　瀧：17歳の東京の男子高校生（初めて三葉と会った時点では14歳の中学生）。東京四谷のマンションに父親と二人で暮らしている。母親に関しては、小説の中に「（彗星が落ちた日）……俺はまだ、中学生だった。父さんと二人きりの生活にもやっと慣れてきた頃で……」（p.220）という記述があることから、比較的最近両親が離婚したのか、あるいは死別だったのか、映画や小説では理由は明らかにされていないが、いずれにしても瀧も母親とは同居していない（映画のパンフレット〔株式会社東宝ステラ 2016〕で、新海が、瀧の両親は「数年前に離婚したんだと思っています」と言っている）。瀧は、建築や美術に興味をもち、高校の同級生の友達（司と真太）とカフェ巡りをしたり、アルバイト先で一緒の女性（奥寺先輩）に憧れたりして、それなりに楽しく高校生活を過ごしている。

Ⅱ　物語の概要

この物語は、三葉と瀧の出逢いの質の変化を軸として展開していくので、次に、二人の出逢いの段階に沿って物語の概要を述べる。

1　はじまり――「入れ替わり」の時期

ある朝、糸守町の宮水三葉の部屋の布団で目を覚ました瀧は、三葉の体になっていた。いや、三葉の体に瀧が入っていたといった方がよいかもしれない。一方瀧の体になっていた／瀧の体に入っていた三葉は、四谷の瀧の住むマンションのベッドで目を覚ます。二人とも、初めて体験する異性の体に違和感をもち、戸惑う。互いにまったく面識がない二人の体が、寝ている間に、突然入れ替わってしまったのである。二人とも「変な夢」だと思いながら、何とか一日を過ごす。翌日元の体に戻った二人はほとんど前日のことを覚えていないが、周囲の反応から、どうやらそれは夢ではなく現実で、実在する誰かと入れ替わっていたことに気づく。その後も不思議な「入れ替わり」は、週に二、三度、眠りを契機に不定期に生じる。住んでいる場所も（後に明らかになるが生きている時間も）異なる二人が、互いの行動に約束事を決めて、ノートとスマートフォンに言葉を残すことで連絡を取り合い、戸惑いながらも「入れ替わり」をどこか楽しむようにもなっていた。

眠っている間に起こる「入れ替わり」という現象については後に再び取り上げるが、三葉と瀧は、相手と出逢って、互いのことを徐々に知っていくという、通常の親しくなる過程を踏むことなく、一足飛びに相手の「体」の中に入ってしまったのである。

本来、心と体が結びついていてこそ、その人がその人として存在しているといえるであろう。物語は、それでは、入れ替わった二人は一体どちらが瀧でどちらが三葉なのだろう、という疑問を我々に投げかけている。その人のアイデンティティを決めるのは、体なのか、あるいは体の中の心（魂）なのか、と。もちろん、それほど簡単に二分法で考えられる問題ではない。これは、古来の実存をめぐる哲学的な問いかけであるとともに、現代の最先端のテクノロジーにおける、ＡＩ・ロボットの存在を視野に入れたときに新たに生じてくる、アイデンティティの問題にまでつながる重要なテーマでもある。

ロボット工学者の石黒浩（2021）は、『ロボットと人間――人とは何か』という著書の中で、自分自身をモデルにした遠隔操作アンドロイド「ジェミノイド」を開発し、ジェミノイドを派遣して海外で講演をしたり、自分が出張中のときには大学でジェミノイドを使って講義をしたりしているうちに、「自分のアイデンティティとは何かという問題」に直面したと述べている。ジェミノイドは、顔や姿形のコピーというだけではなく、操作者がモニタを見ながら話すだけで自分の体のように遠隔操作できるという。さらにジェミノイドには、操作者が何もしていないときの動作まで、あらかじめ計測して実装されているので、それらの機能によって、現在では操作者の声だけで、唇、頭部、体の動き、感情まで推定して再現できるという。最初は、石黒本人とジェミノイドが講演を行っていたのが、慣れてくるとジェミノイドだけでするようになり、そうなると「アイデンティティが自分にはなく、自分が開発したロボットにあるように思えたのである」（石黒 2021, p.24）と述べている。

日進月歩でロボット工学が発展している今日において、我々人間がどのようにロボットと共生していくかを考える上で、これは重要な視点ではないかと思われる。ロボット工学の視点から、新たに「人間存在とは何か」という問いに取り組むことができるのではないだろうか。

少し話題が拡がりすぎたかもしれないが、アイデンティティについて考える上で、今後ＡＩ・ロボットも視野に入れておく必要があるだろう。

2　繋がらない時期

ある日突然、二人の「入れ替わり」は終わる。メールも電話も繋がらない。三葉の身に何か起こったのではないかと心配になった瀧は、自らの記憶を頼りに、入れ替わっていたときに見た糸守の風景をスケッチブックに描き、それを手に飛騨へと向かう。友達の司と奥寺先輩も、なぜだか一緒に行くことになる。スケッチの風景が糸守のものだと判明し、ようやくそこに辿り着くも、三年前、隕石（ティアマト彗星の片割れ）が直撃して糸守の町は消滅し、三葉もその家族も友人も、町の住民５００人以上が亡くなっていたことがわかり、瀧は衝撃を受ける。瀧のスマートフォンに打ち込まれていた三葉の日記の言葉の一文字一文字が、文字化けして消えていく。瀧は、以前三葉と入れ替わっていたとき、祖母と妹の三人で、外輪山の山頂にある、宮水神社のご神体の社に口噛み酒を奉納しに行ったのを思い出し、そこへ向かう。

突然ある日を境に「入れ替わり」が終わり、スマートフォンという文明の利器を使っても、どうしても二人が繋がることができないこの時期は重要である。それまで二人は、入れ替わっている間に、その日の出来事と禁止事項を記した日記を相手に残して、互いの生活を守ることに必死だった。たとえば〈瀧くんへ　禁止事項その1〉「お風呂ゼッタイ禁止」「体は見ない・触らない」「座るとき足を開かないように」「テッシーと必要以上に仲良くしないで。彼はサヤちんとくっつけるべき」「その他の男子には触るな」「女子にも触るな」〈三葉へ　禁止事項Ｖｅｒ．５〉「無駄遣い禁止だって前も言ったよな?」「学校・バイトに遅刻するな、いいかげん道を覚えろ」「訛るな」「お前こっそり風呂入ってない？　なんかシャンプーの香りが……」「司とベタベタするな誤解されるだろアホ」「奥寺先輩と馴れ馴れしくするな頼むから」といった具合に。「それなのに、と、三葉の残した日記を読みながら、俺は今日も歯ぎしりをする。私は瀧くんの日記を読みながら、むかむかむかと腹が立って仕方がない。まったくまったく本当に、あの男／あの女は……！」(p.81)。このような具合に、この頃の二人の目は、もっぱら現実、外界に向いていて、エネルギーはそこに注がれていた。映画では、入れ替わった二人の生活の様子が、テンポよくコミカルに描かれている。

ところが、二人の間の繋がりが絶たれると、瀧は三葉の身を案じるようになる。三葉がお膳立てした、奥寺先輩とのデートで訪れた美術館でたまたま見た「郷愁」と名づけられた写真展にあった「飛騨」の景色に、瀧は既視感を覚える。これをきっかけに、記憶の中の風景が呼び覚まされたかのように、瀧は糸守のスケッチをするようになる。それを機に、瀧は内面、自らの心の深みに入っていくことになる。

一方、三葉は、瀧と入れ替わっている間に、上述した瀧と奥寺先輩のデートの計画をした。「いいなあ、今頃二人は一緒かぁ……」と呟きながら鏡を見た三葉の目には、涙が光っている。しかし「あれ、私何で?」と三葉にはその涙の意味がわかっていない。この後、三葉は、学校をサボって、瀧に会うために東京に向かう。

3　ご神体の中で

瀧が、宮水神社のご神体である、巨木の根と岩の隙間にある小さな階段を降りると、小さな社がある。そこには、確かに、入れ替わっていたときに奉納した口噛み酒の瓶子が置かれている。この口噛み酒は、神社の豊穣祭の儀式の一環として、巫女である三葉の唾液で米を発酵させて作ったものである。瀧は、三年前の三葉との「入れ替わり」が現実だったことを確信し、彗星が割れて落ちる前の時間に戻って、再び三葉に会えることを願いながら口噛み酒を飲む。

ぼんやりとした浮遊感。足がもつれて、視界が回る。仰向けに転んだはずなのに、いつまでたっても背中が地面にぶつからない。瀧は、倒れながら、天井の岩に刻まれた大きな彗星の絵を目にする。彗星が瀧に向かって落ちてくる。目前まで迫ると、燃え上がり、宝石のように輝く。仰向けに倒れた瀧の頭が地面に打ちつけられたのと、彗星が瀧の体にぶつかったのは同時だった。
それから瀧は、列島に人が住みついてからの糸守の歴史を一瞬のうちに見る。彗星が二つに割れてその片割れが糸守に落ち、人々が亡くなり、湖ができ、集落が滅びる。時を経て、再び湖の周囲に集落ができ、栄える。しかし長い時が経ち、再び隕石が落ち、人々が亡くなる。こういったことが二度繰り返された。人々はそれを、二人の巫女が対になって踊る舞の仕草の中に残し、記憶として留め、後世に伝えようとしたのだった。続いて瀧は、三葉がこの世に生を受けたときからの、三葉の小さな（個人の）歴史の物語を見る。へその緒が切られ、三葉は母親と身二つになる。妹四葉が生まれ、母が亡くなり、父は家を出て行く。そして隕石が落ちた日がやってくる。

瀧は、宮水神社のご神体のある「隠り世（あの世）」で、ティアマト彗星をめぐる宇宙の大きな歴史の物語、日本列島と糸守の物語、三葉の誕生からの個人の歴史の物語を一瞬のうちに目の当たりにする。二つに割れるティアマト彗星と、母親と身二つになる三葉に共通してあるのは、「1」から「2」になる分離のテーマである。

4　初めて「三葉」と「瀧」として出逢う

目覚めると二人は入れ替わっていた。瀧（体は三葉）は、町を救うべく奔走するがうまくいかない。瀧（体は三葉）は、三葉（体は瀧）に会うためご神体がある外輪山を登る。瀧の名を呼ぶ三葉の声が、

（瀧の）体の内側から聞こえてくる。瀧は、自分が中学生だった三年前、電車の中で見知らぬ女子高生に声を掛けられたことを思い出す。それは、瀧に会うため糸守から東京へやってきた三葉だった。その時三葉は、髪を結っていた組紐を瀧に手渡し、瀧はそれを時々手首に巻いていたのだ。三葉の想いに気づいた瀧は、涙を流しながら山を登り続ける。

山頂に辿り着いた瀧（体は三葉）は、三葉の名前を叫ぶ。二人がいる世界には三年の時間差がある。時を超えて聞こえてくる、互いの名前を呼ぶ声を頼りに探すも、姿は見えない。しかしちょうど日が暮れ始め、黄昏（糸守では「カタワレ時」と呼ぶ）になると互いの姿が見えるようになり、「入れ替わり」が元に戻る。

二人は初めて時を超え、本来の「三葉」と「瀧」として出逢うことができたのである。瀧は、隕石落下から町を救うための計画を三葉に説明する。カタワレ時が終わる間際、瀧は「目が覚めてもお互い忘れないようにさ」（p.203）と、三葉の手のひらにサインペンで何か文字を書きつける。しかしその瞬間、カタワレ時は終わる。景色や言葉はぼやけていき、二人はそれぞれ元いた世界へ戻り、引き離されてしまい、それとともに互いの名前の記憶が消えていく。

あの世とこの世の境界（カクリヨ）において、昼と夜の境界のわずかな時間の間（カタワレ時）だけ、二人は本来の姿で出逢うことができたのである。映画の中には、二人が涙を流しているシーンが多くある。しかし当人たちがその涙の意味をわかっていない場合が多いが、三葉の想いに気づいて山を登っているときの瀧の涙に関しては、涙とその涙の意味（瀧の感情）とが繋がっているのが印象的である。涙の意味については、第7章で詳しく述べる。

5　互いの想いを知るが、名前は記憶から消えていく。彗星の落下。

三葉は、瀧から教えられた町の住人を助ける計画を実行するべく下山するが、なかなかうまくいかない。走っているうちに三葉は転び、意識が途切れる。倒れたまま三葉が手を開くと、そこに記されていたのは（瀧の）名前ではなく「すきだ」の文字。その言葉に励まされた三葉は、再び町長である父親のいる町役場へと走り出す。「……私たちは、ぜったいにまた出逢う。だから生きる。私は生き抜く。たとえなにが起きても、たとえ星が落ちたって、私は生きる」（pp.228–229）。その夜、秋祭りの日、祭りの舞台だった宮水神社付近にティアマト彗星の片割れが落下する。

三葉の手のひらには、瀧の想いを伝える「すきだ」の文字は残っているが、名前については記憶から消えていく。上述の「……**私たちは、ぜったいにまた出逢う**。……**私は生き抜く**。……**私は生きる**」は、新海からの強いメッセージであり、祈りのようにも聞こえる。

6　漠然と「誰か」ひとりを探しているという思い

糸守は、彗星の片割れが一つの町を直撃したにもかかわらず、偶然にも町をあげての避難訓練があり、住民の大半が被害範囲の外に出ていて奇跡的に死者が出なかった。糸守の風景を描いた何枚ものスケッチ画。この奇跡的な事件への瀧の「熱病めいた興味」（p.240）。あれは何だったのか。
糸守町への隕石衝突から8年後、大学生の瀧は就職活動の毎日を送っていた。一方三葉も、壊滅した糸守を離れ、東京で暮らしていた。たまに街中で互いの気配を感じることはあっても、もはや「入れ替わり」のことは、二人ともすっかり忘れていた。ただずっと漠然と「誰か」を探しているという、切実な思いだけが残っていた。

瀧は、「……高校二年頃だったか、あの夏は本当に、とびきりに楽しかったような気がする。目に映るものすべてに、俺はわくわくと心を躍らせていたような気がする」（p.236）というものの、「――なにがあったんだっけ……」と具体的なことは何も思い出せない。就職活動中の瀧が、久しぶりに会った奥寺先輩と歩道橋を歩いているとき、たまたま街頭ビジョンに糸守湖の空撮映像と「彗星災害から八年」という大きな文字が映し出されるのを目にする。「私たち、いつか糸守まで行ったことあったよね？」という奥寺先輩の言葉をきっかけに、瀧は当時の記憶を辿り始める。「入れ替わり」の具体的な記憶はなくなっているにもかかわらず、互いの気配を感じたり、誰かを探しているという思いが残っているというのは非常に興味深い。人間の記憶の不思議について、後にあらためて述べる。

7　出逢い。相手の名を尋ねる。

さらに月日が流れたある日、三葉と瀧は、朝、出勤の準備をして職場に向かう。二人は併走する別々の電車の車窓から互いの姿を見つけ、それぞれ次の駅で降りて、相手の下車駅に向かって走り出す。「俺たちはかつて出逢ったことがある。いや、それは気のせいかもしれない。夢みたいな思い込みかもしれない。前世のような妄想かもしれない……」（p.249）。ようやく住宅地の神社の階段で再会した三葉と瀧は、互いの名前を尋ねる。「君の、名前は」と。

ようやく二人は現実の日常の中で邂逅し、再会を果たす。二人は同時に「君の、名前は」と互いの名前を尋ね、現実世界での二人の関係がこれから始まりそうなことが暗示されたところで、物語は終わる。場所としては、住宅地の中の神社（モデルは四谷の総鎮守である須賀神社）入口への階段ということで、日常と非日常（神の領域）の間の神聖な場所ともいえようか。階段を昇る瀧と降りてくる三葉が、いったん行き交って振り返ったところで出逢う。行き交うところは、糸守での黄昏時の一瞬の出逢いを仄めかしているようにも見える。

この物語は、時間の流れに関して複雑な構造をしており、特に映画を見ただけでは理解が難しい。本書を読み進めるにつれて、その謎が明らかになっていくであろう。

瀧の就職活動での一場面から

大学生の瀧は、友人の司や真太が次々と内定を得ていく中、就職活動で苦戦をしていた。以下は建設業界での就職を希望する瀧の面接の場面である。

瀧：「御社を志望いたしました理由は、私が建物を――いえ、というか街の風景を、人の暮らしている風景全般を、好きだからです」……「昔から、そうでした。自分でも理由はよくわからないんですが、あの……とにかく好きなんです。つまり建物を眺めたり、そこで暮らしたり仕事をしたりしている人たちを眺めたりすることが。だからカフェとかレストランとかにはよく通いました。バイトもさせてもらったり……」

面接官：「では飲食業界ではなく、なぜ建設業界を志望なさったのかを聴かせていただけませんか？」

……俺は見当違いの志望動機を喋っていたことにようやく気づく。着慣れないスーツの中で汗が噴き出す。

瀧：「それは……バイトの接客も楽しかったですけど、もっと大きなものに関わりたいというか……」……「つまり……、東京だって、いつ消えてしまうか分からないと思うんです」……「だからたとえ消えてしまっても、いえ、消えてしまうからこそ、記憶の中でも人をあたためてくれるような街作りを――」。
ああ、だめだ。自分で言っていて意味不明だ。ここもまた落ちた。面接官の後ろにそびえる灰色の高層ビルにちらりと目をやりながら、俺は泣き出したいような気分で思った。(pp.233-235)

この件《くだり》を読むと、しどろもどろになっている瀧の姿が目に浮かぶようだが、瀧の身に起こった言葉や糸守をめぐる不思議な体験の記憶を心の奥にもちながら、現実の世界でそのことについて言葉にしようとすると、こんなふうになってしまうというのはとてもリアリティがある。心の深いところで起こった、本当に大切な体験については、簡単に言葉にはできないものである。

瀧が、カフェとかレストランによく通い、バイトもしていたと言うと、ではどうして飲食業ではないのか、という型にはまった発想しかもてない面接官を非難することはできないが、何となく私はため息をつきたくなる。このようなズレを、日常の中でも体験することがあるからだ。それでも、瀧は「泣き出したいような気分」になっても、何とか回復する力があるが、そうでない子どもたち、大人たちもたくさんいる。発せられている言葉の背後で蠢いているものに耳を傾けようとせずに、自分は正しいことを言っていると思い込み、誰かの何かを決定的に損なってしまうことがあり得る、ということを少なくとも我々は知っておくべきだと思う。

瀧が、風景に対してこのような感受性をもっていたからこそ、糸守の言葉との間で「入れ替わり」

——が起こったのであろう。いや、一連の体験を通して、瀧が本来可能性として潜在的にもっていた感受性が、開かれたといった方がよいのかもしれない。

第2章　新海誠にとって『君の名は。』の意味するもの

Ⅰ　新海誠の経歴

『君の名は。』の作者、新海誠は、アニメーション監督であり小説家である。小説や物語にしろ、芸術作品にしろ、程度の差こそあれ、作者自身の人生とは切り離せないものである。

新海（新海／コミックス・ウェーブ・フィルム 2016）は、映画で三葉と瀧の声を担当した上白石萌音と神木隆之介との3名の鼎談の中で「『君の名は。』は僕にとって、今までの40年ちょっとの人生をすべてぶつけたような渾身の一作です」（p.17）と述べている。彼の、どれほどの思いが込められた作品であったのかが伝わってくるような言葉である。新海誠にとって『君の名は。』とはどのような意味をもっていたのであろうか。少ない情報からではあるが、この点について少し探ってみたい。

まず、新海の経歴を簡単に振り返る。新海誠（本名は新津誠）は、１９７３年2月9日長野県南佐久

郡小海町《こうみまち》に生まれた。小海町とはどのようなところなのだろう。町の公式ホームページを開いてみると、小海町は「長野県の東部、南佐久地域のほぼ中央に位置し、……町の中央を南北に流れる千曲川に沿って帯状の平坦地が形成され、ここを国道141号、JR小海線が走り、町の主要な交通路となって」おり、「千曲川の左岸（西部地域）は八ヶ岳連峰の裾野が広大な傾斜地として広がり、右岸（東部地域）は秩父山塊の裾野の段丘帯となっています」とある。町には、小学生だった新海が、早朝5時頃からスピードスケートの練習をやっていたという松原湖もある。少々安直な発想かもしれないが、山間の中のこの湖は物語の中の糸守湖と重なり、彼が自然豊かな美しい風景に囲まれた地で育った様子が目に浮かぶ。『君の名は。』の中で、風景の記憶が、物語の重要なキーワードとして位置づけられているのも頷ける。風景の記憶というのは、視覚的な記憶だけではなく、聴覚、触覚、嗅覚などの身体感覚をも呼び覚まし得るものでもある。この点に関しては再び後に取り上げる。

実家は、長野県内屈指の建設会社とのことで、父親の新津正勝は、「創業は明治42年で私が3代目。4代目はもちろん誠に継がせるつもりでした」と述べている（デイリー新潮 2016）。ところが、新海は、1991年に地元の高校を卒業した後上京し中央大学文学部（国文学専攻）に入学し、1996年に卒業。卒業後は、在学中からアルバイトをしていたゲーム開発会社（日本ファルコム）に入社する。そして5年間勤務した後、2001年に退社している。インタビューでの本人の発言（新海 2017）によると、勤務先のゲーム会社はファンタジー系のロールプレイングを作る会社で、剣と魔法の世界を描くゲームを、毎日ひたすら作っていたという。そのような状況の中、「それを作っている自分は毎日、満員電車に乗って、朝6時に起き、スーツを着てネクタイを締め、会社に行って、終電で帰っていました。当時の自宅の最寄り駅である……武蔵浦和駅から自転車に乗って、家の途中のコンビニで晩御飯を買って、夜中の1時か2時ぐらいにコンビニ弁当食べて、ちょっと本を読む」（新海 2017）という自分の生活と、自分の作っているものとがあまりにも違うことから、「自分の生活……。たとえばマンションの鉄の階段とか、コンビニの看板とか、そういうものが出てくる作品を作りたいという気持ちがどんどん強くなっていきました」（新海 2017）と述べている。

もちろん我々が皆、ファンタジーの世界を描くゲームを作っているわけではないが、考えてみれば、現代人の生活そのものが、身体感覚をもってその実体を感じることが難しいようなものになっているのに気づく。コンピューターにしても、スマートフォンにしても、エンドユーザーとして日々使ってはいるものの、いったい中身がどのようになっているかなど、とうてい知る由もない。我々は、何かをインプットして、アウトプットされる結果を得るだけで、その間のプロセスに関しては、我々の中で、もはやなきがごときものになっている。

ここに、私は、三葉と瀧の体が突然入れ替わった現象との重なりを感じるのだが、いかがであろうか。つまり、二人の間の出逢い、そしてその関係がどのように変化するのかそのプロセスはまったくわからないまま、突然体が入れ替わっているという、ある意味「結果」から始まっているのである。

このように見るならば、『君の名は。』は、「結果」から始まり、時間と心のエネルギーをかけて、真の関係の始まりに辿り着くまでの物語としても読めるのではないかと思う。

Ⅱ 『彼女と彼女の猫』

　ここで、新海のアニメーション制作の歴史を少し辿ってみることにする。新海が、1999年の初夏から初冬にかけて、ゲーム会社に勤務しながら一人で自主制作した『彼女と彼女の猫』（新海 1999）という、5分足らずの短編のモノクロのアニメーション作品がある。これは、都会のマンションで一人暮らしをする女性（「彼女」）と、春の雨の日、たまたま「彼女」に拾われた一匹の猫チョビの、春の初めから、夏、秋を経て冬になるまでを描いた物語である。チョビの目を通してみた語り（声：新海誠）によって物語は展開し、次のような5つのセクションから成る。

Sec.1【イントロダクション】「季節は春の初めで、その日は雨だった」という、チョビの淡々とした語りから物語は始まる。マンションの一室。一人暮らしの「彼女」は、床に置かれた電話の側に座っている。部屋の中は片づいているのに、洋服だけが脱ぎ散らかされているのは何を語っているのだろう。「彼女」は、電話（一昔前の録音機能のついた固定の留守番電話である）を待っているようにも見えるのに、かかってきた電話には出ずに、留守番電話が応答する声を背にして、扉を開けて外へ出ていく。そこで、雨の中、「彼女」にチョビは拾われた。この日、もし電話がかかってきていなかったら、もし雨が降っていなかったら、もしチョビが捨てられていたのが「彼女」のマンションの近くでなかったら、チョビが「彼女」に拾われることはなかったかもしれない。偶然が重なって、チョビは「彼女」の猫になり、チョビの人生（猫生）は変わった。

Sec.2【彼女の日常】 朝起きて仕事に出かけていく「彼女」。チョビと「彼女」の穏やかな生活が繰り広げられる。チョビは優しい「彼女」が大好きだ。「彼女」はチョビを可愛がり、明るさを取り戻していく。

Sec.3【彼の日常】 夏、チョビに子猫のミミというガールフレンドができる。ミミは「小さくて可愛くて甘えるのがすごく上手」だけれど、チョビは「彼女」みたいな大人っぽい女の人の方が好きだ。「僕には大人の恋人がいるんだ」とミミに伝える。

Sec.4【彼女の寂しさ】 秋、ある日「彼女」に電話がかかってきて、長い電話の後「彼女」は泣いた。床に倒された椅子。「僕には理由はわからない。……悪いのは彼女じゃないと思う……彼女はいつでも誰よりも優しくて、誰よりも綺麗で、誰よりも懸命に生きている」というチョビの語り。「誰か、誰か助けて」という「彼女」の声。

Sec.5【彼女と彼女の猫】 冬、雪景色。コートを着て仕事に向かう彼女。電話は椅子の上に載せられている。「僕も、そしてそれからたぶん彼女も、この世界のことを好きなんだと思う」というチョビの語りで物語は閉じられる。

一貫して、チョビの視点から見た、巡る季節の中の彼女とのささやかな日常が淡々と語られ、「彼女」とチョビのガールフレンドのミミの言葉は、すべて簡潔な文字のみで視覚的に表現されている。しかし一方で「その日は雨だった。だから彼女の髪も僕の体も重く湿り、あたりは雨のとてもいい匂いで満ちた」、「微かな化粧と香水の匂い」、「気持ちのいい靴音を響かせて……」、「雨に濡れた朝の草むらのような匂い」、「雪の匂いを身にまとった彼女……」、「彼女の細い冷たい指先……」、「はるか上空の黒い雲の流れる音……」、「雪はすべて音を吸い込んで……」など、豊かな匂い、音、身体や肌に響くような、繊細で感覚的な描写が、モノクロの映像、モノトーンの、猫の口を通しての語りの中に、幾つも散りばめられているのが印象的だ。

これは新海の物語でもあるし――彼の実体験という意味ではない――、我々も皆それぞれ、このような小さな物語を日々生きている。

この物語には「地軸が音もなくひっそりと回転して、彼女と僕の体温は世界の中で静かに熱を失い続けていた」、「あてのない暗闇の中を、僕たちを乗せたこの世界は回り続ける」、「僕も、それからたぶん彼女も、この世界のことを好きなんだと思う」と、「世界」や「地球」に言及する語りが、ささやかな日常生活を描く語りの中に混在しているのも特徴的である。しかも、これらが猫の言葉であるというのもとても興味深い。

この作品には『彼女と彼女の猫』という日本語のタイトルとともに、*Their Standing Points* という英語のタイトルが付けられているが、これはこの世界の中での「彼らの立脚点《Their standing points》」としての、彼らのほんの身の回りの日常の一コマを描いた物語ということなのであろうか。自分の足でしっかりと立ち、地に足をつけて、この世界（地球）に生きる。どんな災害があっても、パンデミックに襲われようとも、どんなに理不尽な出来事に見舞われても、我々は皆精一杯生き抜くしかない小さな存在なのである。

心理療法家として、来談者であるクライエントの話を聞きながら、私はいつも一人の人間が生きることの重みのようなものを感じる。

大学の講義で、学生たちに自分の歴史を振り返ってもらうとき、たとえば「3歳の時に妹が生まれた」、「6歳になった時に引っ越しをした」あるいは「8歳の時に遊んでいて足の骨を折った」等々、断片的で、具体的な記憶が語られる。20歳前後の彼らが、今日まで、いろいろな出来事の中を通り抜けてきて、今ここに、こうしているのだと思うと、いつも圧倒されるような思いに駆られる。皆、それぞれ精一杯生きているのだ、と。

新海は、彼女とチョビのそういったささやかな日常と孤独を描きながら、それでも私たちはこの世界が好きなのだ、といいたかったのだと思う。

ゲーム会社で作っているファンタジーの世界とはいわば対極の、このような世界の小さな物語を創ることが、当時の新海にとってとても大切な意味をもっていたのだと思う。２０００年、『彼女と彼女の猫』は第12回ＣＧアニメコンテストでグランプリを受賞している。

Ⅲ　『ほしのこえ』

２００１年、結局新海は、制作に集中するためにゲーム会社を退職し、２００２年には、『ほしのこえ』で商業デビューをする。それ以降制作は、２００４年の『雲のむこう、約束の場所』、２００７年の『秒速5センチメートル』、２０１１年の『星を追う子ども』、２０１３年の『言の葉の庭』、そして２０１６年の『君の名は。』、２０１９年の『天気の子』と続く。そして２０２２年には『すずめの戸締まり』の公開が予定されており、コンスタントに新海の制作活動が進められている。

しかし、新海自身はそもそも「映画監督を目指したり、映画監督になりたいと思ったことは、人生の中で特にないんです」（新海 2019）と述べているのも興味深い。「映画監督を目指します」と声高に宣言して、その目標に向かって邁進するという生き方もあろうが、自分の内側から湧き起こってくる心の動きを大切にし、それに慎重に身を委ねつつ、生きる道を模索していくという生き方があってもよいのではないだろうか。『君の名は。』の、瀧の就職面接でのやりとりを思い出す。

これらの一連のアニメーション作品の中で、『ほしのこえ』（2002）は、新海の初めての、25分ほどの劇場公開作品である。監督、脚本、作画、演出、美術など、そのほとんどを一人で担当したという意味で、新海誠の第一作目として特に注目に値する。「約8ヵ月間部屋にこもりながら、絵だけでも1000枚近く描いた」（近藤 2020）という。新海自身「……僕の考え方や人間的な変化があって今回の作品（『君の名は。』）を作ったわけではなくて……偉そうに聞こえてしまったら本意ではないんですけど、自分の能力が今回の作品を求めていたような気がします。例えば、14年前に『ほしのこえ』を作ったときも、自分の能力が求めていたと思うんですよね。……そういう意味で『君の名は。』は『ほしのこえ』を作った頃と少し似ているんです」（新海 2016, p.81）と述べていることも心に留めておきたい。

小説にしろ、アニメーション作品にしろ、第一作目には、作者の内界の基層に潜んでいた根源的なイメージが立ち顕われやすい。なぜなら、物語を創作するという営みは、一つの世界を立ち上げ創造することであるため、初めて外界に向けて表現される機会が与えられると、心の奥底に眠っていたその人独自の本質的なものがそのまま表出されやすい、と考えられるからである。この点に関してはすでに他所（山 2019）で述べたので、ここでは繰り返さない。

『ほしのこえ』には、*The voices of a distant star*（『遠い星の声』）という英語のタイトルもつけられている。新海の熱狂的ファンだという神木隆之介との対談の中で、新海（新海／コミックス・ウェーブ・フィルム 2016）は「昔から宇宙は好きだったし、星空も好きでした。子どものころからの素朴な夢として、まずほかの惑星に行きたかった。そして、ほかの惑星から星空を見たいと思っていたんです」（p.82）と述べている。『ほしのこえ』は、そういう新海に相応しい第一作目のようにも思われる。『ほしのこえ』

は次のような物語である。

地球からの調査隊は、火星のタルシス台地で異星文明の遺跡を発見したが、突然現れた異生命体タルシアンに全滅させられてしまう。遺跡から回収したテクノロジーで、タルシアンの調査のために国連宇宙軍戦艦が建造され、２０４７年には選抜メンバーによる調査団が組織される。

中学生の長峰ミカコ（美加子）と寺尾ノボル（昇）は、仲の良い同級生。２０４６年７月、同じ高校を目指していた中学3年の夏、ミカコは国連宇宙軍の選抜メンバーに選ばれたことをノボルに告げる。翌年冬ミカコは宇宙へ飛び立ち、ノボルは高校に進学する。離れ離れになった二人は携帯メールで連絡をとり合っていたが、ミカコの乗る宇宙船が太陽系の外側を離れることになり、メールの送受信にかかる時間はだんだんと長くなる。宇宙船と地球との距離はさらに広がり、二人の間の時間のズレは決定的なものになっていく。２０４８年８月、１年ぶりに太陽系外縁から送られてきたミカコからのメールには「……目的地は８・６光年先のシリウス。……お互いのメールが届くまでにこれからは８年７カ月かかることになっちゃう。……私たちはまるで、宇宙と地球に引き裂かれる恋人みたいだね」とあった。二人の距離はだんだん遠くなる。ミカコは、もはや届くかどうかわからないメールで、言いたくても言えなかった思いを綴って送信する。「24歳になったノボルくん、こんにちは！私は15歳のミカコだよ。ね、私はいつまでもノボルくんのことすごくすごく好きだよ」と。しかしそれがノボルの元に届いたのは８年と２２４日後、２０５６年３月。ミカコからのこのメールは二行だけであとはノイズだけだった。

そしてエンディングで、ノボルとミカコが交互に語る二人の掛け合いが始まる。『君の名は。』のはじまりにも、瀧と三葉の間で同じような掛け合いがある。

ノボル：ねえミカコ　俺はね
ミカコ：わたしはね　ノボルくん　懐かしいものがたくさんあるんだ……
ノボル：たとえば　夏の雲とか　冷たい雨とか　秋の風の匂いとか
ミカコ：傘に当たる雨の音とか　春の土のやわらかさとか　夜中のコンビニの安心する感じとか
ノボル：それからね　放課後のひんやりとした空気とか
ミカコ：黒板消しの匂いとか
ノボル：夜中のトラックの遠い音とか
ミカコ：夕立のアスファルトの匂いとか　ノボルくん　そういうものをね　わたしは　ずっと
ノボル：僕はずっとミカコと一緒に　感じていたいって思っていたよ

【宇宙での戦闘シーンが続く】

ミカコ：ねえ、ノボルくん、私たちは、遠く遠くすごくすごーく遠く離れているけれど、

ノボル：でも想いが時間や距離を超えることなんてあるかもしれない

ミカコ：ノボルくんはそういうふうに思ったことない？

ノボル：もし一瞬でもそういうことがあるなら僕は何を思うだろう。ミカコは何を思うだろう。

ミカコ：ねえ、私たちの思うことはきっと一つ。ねえ、ノボルくん、

二人：私（僕）はここにいるよ。

この物語のキャッチフレーズは「私たちは、たぶん、宇宙と地上にひきさかれる恋人の、最初の世代だ」である。宇宙にいるミカコと、地球にいるノボルとの間の物理的距離がだんだんと離れていき、携帯メールの文字が互いに届くのに果てしない時間がかかるようになる、という切ない物語である。これは、ゲーム会社勤務の頃、他でもない新海の心の中で起こっていたことではないだろうか。つまり、ミカコもノボルもいずれも新海の中にいる存在として見るならば、「ミカコ」――宇宙を舞台にしたゲームを作っている新海――と「ノボル」――会社から終電で帰り、コンビニで晩御飯を買って夜中の1時か2時ぐらいにそれを食べていた日常を生きる新海――の間の距離がだんだんと広がり、引き裂かれていく。このような状況を物語として表現することを通して、新海は随分救われるところがあったのではないだろうか。

Ⅳ　『君の名は。』

小説版の『君の名は。』は、映画にはない次のような独語《モノローグ》から始まる。

懐かしい声と匂い、愛《いと》おしい光と温度。

私は大切なだれかと隙間なくぴったりとくっついている。分かちがたく結びついている。乳房に抱かれた乳呑《ちの》み児の頃のように、不安や寂しさなんてかけらもない。失ったものは未《いま》だひとつもなく、とても甘やかな気持ちが、じんじんと体に満ちている。

ふと、目が開く。

天井。

部屋、朝。

ひとり。

東京。

——そうか。

夢を見ていたんだ。私はベッドから身を起こす。

そのたった二秒ほどの間に、さっきまで私を包んでいたあたたかな一体感は消え失せている。跡形もなく、余韻もなく。そのあまりの唐突さに、ほとんどなにを思うまもなく、涙がこぼれる。
(pp.6–7)

ここでの「私」とはいったい誰なのだろう。ここからは、都会に住む現代人のどうしようもない孤独のようなものが伝わってくる。これは、地方から東京に出てきた人たちの、「母なるもの」――それは個人的な母親というだけではなく、母なる大地や風景、そして自分を守ってくれていた人々（それはしがらみでもあるのだろうが）に包まれていた故郷――への郷愁《ノスタルジー》ではないか。しかし、今や地方も、かつてあった、包み込むような「母なるもの」の力は弱くなっているのを感じる。もちろん、これをしがらみや束縛と感じて地方を離れた人々も多いのだが。

特に冒頭のあたりは、我々がこの世に生まれた頃のはるか昔の記憶のようでもあり、具体的なことは忘れてしまってはいるが、我々皆が共感できる感覚である。

新海（2016）は、『君の名は。』についてのインタビューで「……そもそも僕は少し大きな物語を書きたいと思っていた。やりたいことやテーマはこれまでと変わっていないけれど、今なら多少の余裕を持った手つきで、少し大きな物語を語ることができるだろうという実感が2014年春の時点であったんです」（p.74）と述べている。第一作目の『ほしのこえ』からは12年の年月が経っている。上述したように、この間『雲のむこう、約束の場所』（2004）、『秒速5センチメートル』（2007）、『星を追う子ども』

（2011）、『言の葉の庭』（2013）が世に送り出されている。

『君の名は。』の執筆、制作を手掛け始めた頃の新海はちょうど41歳。いわゆる中年期に差しかかる頃であり、故郷の長野県で暮らした年月と、都会に出てきてからの年月が、彼の人生の中で逆転した時期にあたる。いよいよ40の大台に乗り、やれる、という実感をもって取り組んだ『君の名は。』だったのであろう。それは、遠く隔たった宇宙と地球を繋ぐ物語であると同時に、東京と糸守、ひいては東京と故郷小海町とを繋ぐ物語でもあったのではないだろうか。そして、創作を通して新海は、個人的にも宇宙レベルにおいても、過ぎ去った日々と今とを繋ぐ心の作業をしていたのではないかと思う。これは、我々の多くが共有できるものである。

第3章　物語が語り始めるまで

Ⅰ　最初の企画書

新海は『君の名は。』を通してどのような物語を語ろうとしたのだろうか。2016年の映画公開のほぼ2年前の、2014年7月14日という日付が入った最初の企画書に記されていたタイトルは、「夢と知りせば（仮）――男女とりかへばや物語」だった。新海（2016）によれば、これは「小野小町の『夢と知りせば覚めざらましを』の和歌と『とりかへばや物語』のふたつから発想を得て作った」という。小野小町の歌とは、古今和歌集に収められている次のような歌である。

思いつつ　寝ればやひとの　見えつらむ　夢と知りせば　覚めざらましを

これは、あの人のことを思いながら眠りについたから（あの人が）夢に現れたのだろうか、夢だと知っていたならばあのまま目覚めずにいたのに、といったような意味であろうか。日本古典文学者の木村朗子（2016）は、「相手のことを思いながら眠りにつくと夢の時空でその人に逢うことができると古代人は考えていた」という。確かに、夢の中で人の心（魂）が行き来するという点では、『君の名は。』でも同様のことが起こっているといえる。しかし、小町の歌では、あくまでも現実の世界（意識）で知っている人、しかも思いを寄せている特別な人が、自分の夢（意識の水準が低下した状態）の中に現れたというものである。それに対して『君の名は。』の場合は、まったく面識のない遠くに住む相手と、しかも三年間の時間のズレを超えて突然入れ替わってしまう。無意識のうちに時空を超えて互いの体の中に入ってしまうのである。これはどのような現象なのだろうか。なぜ、このようなことが、他でもない三葉と瀧に起こったのか。物語では、この点は「前世」という概念の中に曖昧に収められている。映画の音楽を担当したRADWIMPSの主題歌『前前前世』では、「君の前前前世から僕は 君を探しはじめたよ……」と「前世」が連呼されているし、三葉と友人たちとの間でも何気なく「それって前世の記憶や！」といったような会話がなされていたりして、三葉と瀧の間に、前世の契りがあったことを仄めかすような表現が見られる。

一方『とりかへばや物語』は、平安時代後期に成立した作者不詳の次のような物語である。

『とりかへばや物語』

関白左大臣には、母親は違うのに瓜二つの二人の子どもがいた。一人は御帳台《みちょうだい》の中にこもって絵を描いたり、雛あそびをしたりするのを好む内気な男の子であり、もう一人は快活で部屋の中にはおらず、鞠や小弓などで遊ぶのが好きな女の子だった。成長するにつれて、若君はますます「女」らしく、姫君はますます「男」らしくなっていく。父親は二人を「取り替えたいな（とりかえばや）」と嘆き、男の子は「姫君」として、女の子は「若君」として育てられることになった。……複雑な顛末を経た末に、本来の性に戻った二人はそれぞれ成功し、関白と中宮という最高位に至る。物語では、左大臣が夢で「前世からのしかるべき運命の行き違いが、現世において、天狗の悪業によってきょうだいの「男」と「女」が取り替えられるという形で現れ、左大臣を苦しめていたということ」だが、天狗も業が尽き、左大臣が長年多くの祈祷をした功徳で、すべて事は収まり、男は男に、女は女に元に戻ったということになっている。（『とりかへばや物語』鈴木編 2009 を参照）

入れ替わるという点では、確かに『とりかへばや物語』でも男女が入れ替わってはいるが、これはあくまでも意識的に男女を入れ替えて育てたということであり、無意識のうちに突然入れ替わっていたという『君の名は。』とは根本的に異なる。『とりかへばや物語』では、左大臣が見た夢によって、すべては天狗の悪業だったということが明らかになる。この夢は、左大臣という個人の元に送られてきた、左大臣個人の夢である。ところが『君の名は。』の三葉と瀧は、夢の中で互いに体が入れ替わっており、まるで二人の夢の世界が繋がっているようでもある。そうなると、いったい誰の夢なのかわからない。つまり個人の夢として、夢の世界が閉じていないということになる。

また、左大臣が長年功徳を積んで来たから、その結果、男は男に、女は女に元に戻ったのだということで、物語は、一応因果律的な発想の中に収まっている。また、天狗というのをどのように考えるかではあるが、想像の産物であるにせよ、やはり一応天狗はこの世の存在である。それに対して『君の名は。』の場合、映画の物語のはじまりに登場するのは、宇宙からの地球への来訪者（物）ティアマト彗星であり、描かれている世界観が宇宙にまで広がる壮大なものである。なぜ、ティアマト彗星の片割れは糸守に落ちたのか、いったい誰が、あるいは何が、この二人を入れ替えたのか、という問いには、「〜が〜をしたから〜」という一般的な因果論的発想では説明が成り立たない。

この点に関して、新海（新海／コミックス・ウェーブ・フィルム 2016, p.83）は、神木隆之介との対談の中で「自分のコントロールを外れた巨大なものが人生に影響を与えることが僕の抱えている世界観でもあるし、ほかの人も抱えているような気がするんです」と述べている。これは、人間の力を超える何かの存在を認め、時にはそれに対してひれ伏し委ねる、あるいはそうせざるを得ないということがあることを知っている、ということである。近年、多発している地震や台風などの自然災害や、２０２０年の初め頃から世界中に感染が広がっている新型コロナウィルス感染症によるパンデミックのことを思うと、上述の新海の言葉はあらためて重みをもって響いてくる。

いずれにしても、物語として、『とりかへばや』は、男女それぞれに望ましいとされる特徴や役割が明確で、それが一般に広く認められていた時代だったからこそ成り立つといえるだろう。『君の名は。』において、男女という軸が注目されるのは主に物語の前半、次の二点においてである。一つは、生物学的な体のレベルにおいてであり、異性の体の形の違いの内からの体験である。「相手の身になって」という日本語の表現があるが、三葉と瀧は、まさに「相手の体になって」しまうのである。

「身」という言葉は興味深く、「心」と「体」の両方が関わっている領域を表している印象がある。「からだ」というとき、「身体」と書く場合と「体」と書く場合とがあるが、ここでの二人は、「身」の部分を含んでいない、形としての「体」が入れ替わったのだ。

瀧は、女性の胸の膨らみに戸惑い、三葉は、男性の喉仏に違和感をもち、トイレに行った際に戸惑う。もう一つは、瀧が女の子のような言葉使いをして友達にからかわれたり、三葉が制服のスカートを履いて足を広げて座ったり、机を乱暴に蹴り飛ばして周りに驚かれたり、と緩やかながらも、今日も存在する、社会における男女の望ましいとされる立居振る舞いをめぐる場面が、コミカルに描かれている。しかしそれ以降は、男女という軸はほとんど重要視されていない。

Ⅱ　ティアマト彗星の意味するもの

1　ティアマト彗星の落下

映画のオープニング、一面真っ暗な画面。その奥の方から聞こえてくる音響とともに物語は始まる。

何の音だろう、と訝しく思う間もなく、時間としてはほんの30秒ほどなのだが、この物語の重要なテーマを先取りするかのような、非常に印象的な映像が流れる。

新海は、２０２２年秋に公開予定の『すずめの戸締まり』の制作発表会見（２０２１年12月15日公開）で、映画館に足を運び、暗闇の中に座り、大きなスクリーンに集中をして感情移入する、物語に没入するという特別な能力を、人間が発揮できるような絵づくり、音づくりをしたいと述べていたが、『君の名は。』のはじまりは、まさしく我々を、物語の中に引き込む力をもっている。

天空から、幾多の星が、一斉に風を切る音とともに尾を引いて流れ落ちる。そのうちの一つが、ひときわ明るく光（炎）を放ちながら幾重もの雲海を突き抜け、地上に向かって凄まじいスピードで落ちていく。雲海の彼方には日輪が輝いている。ちょうど飛行機に乗って、窓から外を見たときのような光景である。観客である我々の体も、流れる星とともに、天空から雲上へ、そして灰色から白色へとグラデーションをなす雲海の中を、猛烈な速度で風を切り、突き抜けて落ちていくような感覚を覚える。

ユング派分析家のエディンジャー（Edinger 1987/2022）は、イエス・キリストの生涯をユング心理学の視点から論じた『キリスト元型』の中で、聖霊が、マリアのもとに受胎告知に訪れた際、雲に覆われ、暗くなったことを指摘し、マリアが神的な存在の雲に包まれたことを重視している。もちろん『君の名は。』が、直接、このようなキリスト教的な発想をもとに制作されたわけではないだろうが、上記の彗星の落下の場面には日常の次元を突き破る鮮烈なイメージがある。上空からの視点で、眼下には、この後物語の重要な舞台となる糸守湖を思わせる湖が見えている。唸り声のような風音。突然映像が途切れ、画面は再び真っ暗になる。

この星の名前は、ティアマト彗星だということが、後に物語の中で明らかになる。星が降る。宇宙と地球を、天と地を結ぶ強烈なイメージである。しかも大事なのは、我々も、ただ星が流れ落ちるのを見ているというだけではなく、ともに落下する強烈な感覚を体感することである。

少しユング心理学の専門的な内容になるが、ここで落下について、錬金術の作業のイメージを援用して考察を試みる。非金属から貴金属、特に金を作ろうとした錬金術の歴史の源は、古くは古代ギリシア、古代エジプトにまで遡ることができる。しかし、ここで錬金術が落下といったい何の関係があるのか、と、唐突な印象をもたれるかもしれない。

スイスの分析心理学者ユングは、錬金術を、物質の外的な化学的な変容のプロセスを扱っているものではなく、錬金術師たちの内的な心理学的な変容が投影されたものと捉えて、研究に打ち込んだ。エディンジャー（Edinger 1985/2004）は、錬金術のイメージが、心理療法で経験される変容の体験を具体的に示しているとし、錬金術における幾つかの作業法に注目した。その中の一つに「凝固（coagulatio）」というのがある。これは、要は「かためる」ことである。エディンジャー（Edinger 1985/2004）によれば、「凝固」とは、あるものを土（地）に変えるプロセスであり、ある心的な内容が土になるということは、特定の場所と形の中で具体的なものになったこと、つまり自我とつながりをもったことを意味するという。またこれは受肉のプロセスをも意味するとする。

ティアマト彗星は、落下しながら途中で二つに割れて、地上へと落ちていく。これは一つの星が二つに分離し、まるで、一方の片割れは「瀧」、もう一方の片割れは「三葉」と、それぞれ一つの個として地上の存在になること、つまり一人の人間として受肉されていくプロセスを映像として見ているような印象がある。これは、この後始まる物語を先取りして暗示しているように思われる。

カバラ（ユダヤ神秘思想）協会の創設メンバーであるケントン（Kenton 1974/1977）は「古い時代には天文学と占星術は同一のものであった。天空の運動が測られる一方、対応する自然の循環が、内在的な原理を持つものとして見分けられた」と述べ、ユング派の分析家であり占星術家でもあるグリーン（Greene 2018/2019）は、著書『占星術とユング心理学』の中で、「天文学は天体の観測と測定をするが、占星術は人間の経験と結びつけて天体に意味を割り当てる」と言及している。

天空と人間との関係を考えると、今日、科学としての天文学は圧倒的に発展してきている。しかし、グリーンのいう後者の視点に関しては、本来、古代の神話の物語は天体と強いつながりをもっていたにもかかわらず、今日ではほとんど忘れ去られているといえるだろう。我々が日頃目にするものとしては、残念ながら、せいぜい雑誌やインターネットで見る占いとしての占星術くらいのものであろう。

錬金術、神話、秘教などの研究に没頭したユングでさえ、自身の占星術への深い関心を隠そうとする意図が見られるが、占星術への風当たりが今より強かった当時の時代の思潮を考えるならばこれは驚くべきことではないと、占星術研究家の鏡（2022）が述べている。今日、占星術にしろ、錬金術にしろ、オカルトだ、怪しいものだ、と切り捨てるのは簡単だが、天と地をつなぐ古代からの知に目を向けることは、近代科学の影の部分の探究にもつながり、やはり意味深いことではないだろうか。

2 ティアマト

次に、糸守に落下する彗星の名前がティアマトであることに注目したい。この物語のタイトルからしても、名前が大きな意味をもっていることは明らかである。ティアマト（Tiamat）は、バビロニアの創世神話に登場する原初の海の女神、万物を生み出す混沌の神でもある。アッシリア学者のボテロ（Bottéro 1987/1998）によると、神々が存在する前には、広大な水の広がりだけがあった、という。さらに、カナアン文化、旧約聖書学の専門家ジョン・グレイ（Gray 1982/1993）によれば、原初の父なるアプスー（地下水）と母なるティアマト（塩水）という二つの水が一つの体の中で混じり合い、次々と神を生み、メソポタミアの万神殿が発生したという。

新海が、このようなティアマトの物語の象徴性をどこまで意識した上で、彗星の名前として選んだのかはわからないが、三葉の苗字は宮水ということで、水にちなんだものであり、瀧にしても水にちなんだ名前がつけられている。新海（2016）は「糸守には大きな湖がある設定で、水がキーになってくる話でもあったので、登場人物には水にちなんだ名前を付けたいと思っていたんです」と述べている。上述のアプスーとティアマトという二つの水が一つの体の中で混じり合ったという件と、眠りの中、二人の体が「入れ替わる」という現象が起こったこと、つまり三葉と瀧の間の境界が曖昧になり、双方の体の中を行き来したこととの符合は興味深い。これは、象徴的には、意識の水準が低下する眠りの間、二人はまだ融合状態にあるということを意味しており、母胎の中のウロボロス段階――無意識の始源の状態――にいることが示唆されているといえるであろう。なお、ウロボロスとは、自分の尻尾を噛んで輪になっている蛇ないしは竜という普遍的なモチーフ「自閉した展開のサイクルを象徴する」ものである（Chevalier & Gheerbrant 1982/1996）。

神話において、ティアマトの庇護のもと、原初の混沌、無秩序が脅威となったので、秩序を支持する英雄マルドゥクがティアマトと一騎打ちをすることになる。「（マルドゥクは、）神々の最初の母であるティアマトが、巨大な怪物となって神々を壊滅させようとしたとき、これに対抗する英雄として戦い、ティアマトを倒し、神々を救った」（Bottéro 1987/1998, p.330）のである。マルドゥクはティアマトの口に風を流し込み、口が閉じられないようにして、そこに矢を放ち、ティアマトは絶命する。

上述のユング派分析家のエディンジャー（Edinger 1996/2020）は、最後にマルドゥクが、ティアマトの巨大な体を二つに分割して、死体の半分から天を、もう半分からは地を創り世界を創ったのを、世界両親（the world parents）の分離というエジプトの原初的な創造神話の変化形であるとし、そこに意識が発達するイメージを見ている。そして「意識が無意識の内容に触れる時にはいつでも、その内容は対立物に分けられます。それが創造神話の基本的なテーマです」（Edinger 1996/2020）と述べている。つまり、意識が生じるということは、混沌とした未分化の「1」の状態から、分離が生じ「2」になることである。

ユングの高弟ノイマン（Neumann 1971/2006）によれば、太母であるティアマトは両性具有的であり、竜や蛇の姿で描かれ、勝利者神話の典型であるマルドゥクの神話にさえ、ティアマト、つまり竜との戦いの中で囚われ敗北する段階が認められるという。ここで、「瀧」の名前の中に「龍」という文字が含まれているということも指摘しておきたい。象徴的な意味においては、未分化の原初的な状態にあった渾然一体の瀧と三葉の中に、「龍」がいたということは単なる偶然だろうか。

ノイマン（Neumann 1971/2006）は「『意識は救済なり』という言葉は、人類がウロボロス的な始源の竜に巻きつかれた状態から自らを解放しようと奮闘する際に、掲げられる標語である」（p.152）と述べている。このように見ていくと、『君の名は。』を、ウロボロス的な無意識が支配している段階から意識が生じ、自我が生まれる物語として読むことができるのではないだろうか。さらに重要なのは、個人の物語が個人の物語にとどまらず、普遍的な物語の中に組み込まれ、さらには宇宙とのつながりをも回復している点が、現代という時代に対して、『君の名は。』という物語が訴えていることではないか、と捉えるのも面白いのではないか。

第4章　ムスビ――「形」から「意味」へ

I　「形」から「意味」へ

第1章では、突然の体の「入れ替わり」から始まった三葉と瀧の出逢いが、質的に変化していくプロセスに沿って、物語の概要を紹介した。新海自身、「今回の作品（『君の名は。』）は、本質の部分で言えば、出会えないはずの二人の出会いを描いているものです」（新海 2016a）と述べているように、この物語の中核的なテーマの一つとして、三葉と瀧の二人がどのように出逢うか、というのがある。二人の出逢いの段階が進展し、関係が深化するにつれて、糸守に伝承されてきた「形」の「意味」が明らかになっていく。あるいは反対に、「形」の意味が明らかになっていくにつれて、二人の関係が深化していくといってもよいかもしれない。つまり、同時に進展していくということなのか。

物語には、「意味」はわからなくなり形骸化してしまってはいるが、「形」だけはきちんと伝えられてきているものとして、伝統工芸の組紐、神社が伝承してきた巫女舞、口噛み酒などがある。組紐作りは手作業であり、巫女舞は全身のパフォーマンスであり、口噛み酒は唾液を用いて作る酒であり、いずれも、「形」にするには体の関与が必要である。これらの「形」に込められた「意味」が明らかになっていくプロセスは、三葉と瀧の体が入れ替わるだけの段階から、体と感情がつながり、さらにあらゆるものが繋がり（＝ムスビ）を取り戻していくプロセスとも重なる。

さらに物語が進むと、これらの「形」に込められた「意味」は、宇宙とのつながり、死者の世界とのつながりも示唆していることが明らかになる。これは、「描きたかったのは小さな心のやり取りが大きな宇宙的スケールまで広がるということ」という新海（2016b）の言葉を裏づけているといえるであろう。

Ⅱ　組紐――「糸の声を聞いてみない」

映画の中に、着物姿の一葉、三葉、四葉の三人が、宮水家の作業部屋で、神社の儀式に使う組紐を作っている場面がある。この組紐は糸守に古くから伝わる伝統工芸であり、色彩豊かな細い糸を組み合わせて、さまざまな図柄を編み込む手作業には習熟が必要である。9歳の四葉は、まだ重り玉に糸を巻く仕事しかさせてもらえないようだが、三葉はすでに丸台を使って自分の組紐を編み込んでいる。映像をよく見ると、一葉と三葉の髪はきちんと組紐で結わえられている。

神話や昔話には、部屋に籠って糸車を回転させながら糸を紡いだり、織物を織る女神や女性たちが多く登場する。たとえば、ギリシア神話の運命の三女神モイライ（モイラの複数形で、元々は三位一体の女神）のうちの、クロトと呼ばれる第一のモイラは、糸を紡ぎ、その長さが我々人間の人生の長さを決定する（Kerényi 1951/1985）。グリム童話『野ばら姫』（『完訳グリム童話集2』金田鬼一訳より。『いばら姫』や『眠りの森の美女』というタイトルの方がより一般的か）（*KHM50*）では、15歳になった王女は魔女の呪いで紡錘《つむ》が指に刺さり長い眠りにつく。また、『古事記』では、忌服屋《イミハタヤ》（神御衣《かむみそ》を織るための神聖な機屋《ハタ》）で、機織りをしていたヒルメは巫女としての天照大神の姿を表しているという。人間の女性に姿を変えた鶴が織物をしていた『鶴の恩返し』は、よく知られている日本の昔話である。このように、古今東西を問わず、糸紡ぎや織物は女性と強い繋がりがあるのがわかる。

組紐を作る工程は、糸車を回して糸を生成する糸紡ぎから始まり、糸を巻き、糸を編むという作業が続く。映画には糸を紡いでいる場面は描かれていないが、作業部屋の中に、紡いだ糸を巻き取ったものが置かれているので、糸紡ぎもこの部屋で行われていることが推察できる。伝統的な女性の仕事としての手作業の技術が、祖母から孫娘たちへと伝承されているのが見て取れる。

一葉は手を動かしながら、「**糸の声を聞いてみない……そうやってずーっと糸を巻いとるとな、じきに人と糸との間に感情が流れだすで**」（p.33）と孫娘たちに語り始める。古来このような伝統は、手作業をしながらの女性たちの口承を通して、世代から世代へと伝えられてきたのであろう。着物に着替え、居住まいを正して行われる組紐作り自体が神事の一環であることが窺え、ここで伝えられるべきは、単に組紐を編む技術だけではなく、糸と心を通い合わせて一体になるといった宗教的ともいえる体験が重要な意味をもつ、と思われる。しかし、四葉は、「へ？ 糸はしゃべらんもん」と悪態をつき、いやいや糸を巻いている。それでも祖母は「ワシたちの組紐にはな、糸守千年の歴史が刻まれとる。まったくあんたらの学校も、元来はこういう町の歴史をまずは子どもに教えにゃいかんのに。ええか、今をさかのぼること二〇〇年前……」（p.34）と続けるが、幼い頃から繰り返し聞かされている祖母のこの話に、三葉も「また始まった」と小さく苦笑するだけだ。

毎年秋、宮水神社で行われる豊穣祭の主役は三葉と四葉である。三人は、神楽殿で三葉と四葉が巫女装束で対になって舞うときに、手に持って鳴らす鈴につける組紐作りの仕上げをしているのだ。組紐は、儀式の後、ご神体に奉納する口噛み酒の蓋を封印するのにも使われる。巫女舞も、豊穣祭の一連の儀式の中、観衆の目の前で唾を吐き出して口噛み酒を作る手順も、二人はしっかり一葉から仕込まれて習得している。つまり、儀式における所作や技術の「形」は、祖母から孫娘たちへときちんと伝授されているのである。

Ⅲ　さまざまな断絶――「形に刻まれた意味は、いつか必ずよみがえる」

三葉たちが組紐を編んでいる場面に話を戻す。残念ながら、２００年前の大火のために宮水神社も古文書もすべて焼失し、古来土地に伝わる組紐の文様の意味も、二人が舞う巫女舞の意味もわからなくなっていた。一葉の次の言葉は非常に興味深い。「**残ったのは形だけ。せやけど、意味は消えても、形は決して消しちゃあいかん。形に刻まれた意味は、いつか必ずまたよみがえる**」（p.35）と、独特の拍子をつけて、祖母は孫娘たちに繰り返し伝え続けていた。ちなみに映画の中のこの部分の一葉の台詞は、「文字は消えても、伝統は消しちゃあいかん」である。小説版と映画版の台詞を比較すると、前者からは、今は形骸化していても「形」さえ受け継いで残していれば、いつかその「意味」がよみがえる時が来る、という半ば祈りのような一葉の強い思いが伝わってくるのに対して、後者にあるのは、ただ伝統を消してはいけないというメッセージだけである。すでに述べたように、「形」から「意味」がよみがえるプロセスは、三葉と瀧の関係の質的な変化と重なって展開するため、この物語に通底する重要なテーマであると読み取ることができる。映画を観るだけではなく、小説を併せて読むことによって、この物語の理解がより深まる。

　小説版のあとがきで、新海は「小説は一人で書いたものだけれど、映画はたくさんの人の手によって組み立てられる構造物である」（p.255）と述べていることから、小説版の中に、より新海自身の伝えたかった思いが表現されていると考えられる。

　神社の儀式や組紐作りの伝統は、「意味」はわからないまま「形」だけが、祖母から三葉と四葉に伝えられていた。三葉は２０１６年に17歳であることから、１９９９年生まれということになる。ミレニアムを2000年とするか2001年とするかは、意見が分かれるところではあるが、三葉は1900年代から2000年代への境界の時期に誕生したということになる。この物語が、さまざまな意味合いの「異界」への入口としての境界をめぐって展開していることを考えると、この点も見逃すことはできない。

さて、大火が起こったとされる200年前といえば1816年、三葉から見れば、遡ること6、7世代前くらいということになるだろうか。この間「形」だけが、おそらく女性の系譜を通して伝承されてきたということになる。しかし、いくら古文書が焼失したとはいえ、土地のご神体を守るという重要な役割を担ってきた宮水家において、土地や一族の歴史が、代々の人々を介して伝承されずに途切れてしまっていること自体に、何らかの問題が示唆されているようにも思われる。さらに、そもそも、土地の守護神を祀る神社が焼失するという出来事には、宮水家のみならず、糸守という共同体全体が負っている何かがあることが暗示されていると理解できる。それは、後に明らかになるように、1200年周期で起こる彗星の落下——地球の外の宇宙からやってくる、美しくも破壊的なものとでもいえようか——に象徴される何かということであろうか。それは、日常の水平次元を打ち破る垂直次元の出来事でもある。

また、三葉と四葉の母親二葉の早世を象徴的に捉えるならば、まず、二人が個人的な「母なるもの」による守りが薄い状況にある、と理解することができ、さらに、二葉はこの世（此岸）に長く留まることができず、若くして向こうの世界（彼岸）に行ってしまう（あるいは帰ってしまう）人であったともいえるであろう。そのため、もっぱら祖母が子どもたちの世話をしているが、それは、個人的には一世代前の「母なるもの」である。

糸守、神社、宮水家の根底にあるのは、たとえ文字の記録が消失しても人を介して大切な記憶が伝承されるような、繋ぐ力、一葉の言葉でいえば「ムスビ」の力の弱さということもできるかもしれない。一葉が言葉で繰り返し伝えようとしても、その奥にある大切な「意味」が、孫娘たちに届かないことの背景には、このような状況があるのではないだろうか。そもそも一葉自身も、形式的には伝えているものの、その真の「意味」はわかっているようには見えない。もちろんこれは、宮水家だけに特化したことではなく、現代社会全般が抱える問題であるともいえるだろう。地域の大小さまざまな祭りや伝統行事の後継者がいなくて途絶えてしまったり、一応形式的には伝承されてはいても、その意味を伝えることは簡単ではない。幼い四葉が、彼女たちが作る口噛み酒を「巫女の口噛み酒」として売り出してはどうか、と商業ベースに乗せるアイディアを出しているのも、現代社会の一側面を表しているようで、面白い。

三葉たちの父親である俊樹は宮水家の婿養子だったが、妻、二葉の死後一葉と対立し、神職を捨て、宮水家を出て町長になった。三葉にとっては、死によって現実世界での母親との関係が絶たれ、父親が家を出ることで父親との関係も断たれたことになる。それまで潜在化していた、一族の、そして糸守という土地が孕んでいた問題が、ここに来て顕在化したとも理解できるのではないだろうか。そこで、三葉が、本来出逢うはずのない瀧と出逢い、二人で町を救うことになる。それにしても、俊樹が元々、地域の伝承や人々の営みに対して関心が高いはずの民俗学者だった、というのも何とも皮肉なことである。政治家としての力と民俗学者としての学識をもって、糸守の伝統を取り戻して、次世代に継承することもできるのではないかとも思うが、町長選挙の様子を見ていると、どうやら俊樹にはそのような気持ちはないように見える。

民俗学者の赤坂憲雄、人類学者の玉野井麻利子、疫学者の三砂ちづるの三者が『歴史と記憶』というテーマで世代間伝承について語り合った鼎談「記憶の継承と語り口」は、三葉たちを取り巻く状況を考える上で興味深い知見を与えてくれる（赤坂・玉野井・三砂 2008）。沖縄の人たちの記憶、特に集団自決の記憶の継承という話題の中で、三砂が「……自分の先に逝った人たちの経験というものが、自分の経験であるかのように受け止められる、家族の中の関係性というものが、沖縄の中にあって、それが集団の記憶として強化されていく」と発言したのに対して、赤坂は「たぶん集団自決の記憶は、ある種のまとまった言説なり、知識なりとして受け継がれているのではなくて、語り口によって伝えられてきたのだと思います」と述べている。

糸守という土地の記憶、その土地の守り神の役割を担っていた宮水神社の記憶、宮水家という一族の記憶の伝承は途切れてしまっている。もはや、宮水家には、そのような伝承を存続させるだけの繋ぐ力がなくなっているということなのか。一葉は「……あんたらの学校も、元来はこういう町の歴史をまずは子どもに教えにゃいかんのに」と言っているが、それは本来、学校で知識として教えられて受け継がれていくようなものではないはずだ。しかし、今日のように、町の外の世界の情報にさまざまな方法で容易に触れることができる時代になると、前の世代の人々の経験が、そのまま次の世代に、自分自身の経験として受け止められることは確かに難しい。

ここで、余談になるが、三葉の高校の古典の授業で、「誰《た》そ彼《かれ》と　われをな問ひそ　九月《ながつき》の　露に濡《ぬ》れつつ　君待つわれそ」という『万葉集』の歌が取り上げられ、「誰《た》そ彼《かれ》」が黄昏《たそがれ》時の語源であるという話題が出てくる。古典の教師は、古くは「彼誰《かれた》そ時」、「彼《か》は誰《たれ》時」ともいったという説明をするが、生徒たちは、自分たちにとって子どもの頃から耳馴染《みみなじ》みがあるのは、土地のお年寄りに残る万葉言葉の方言の「カタワレ時」だと言う。「ど田舎やからな」と男子が言い、クスクスと笑い声が起こってこの件は終わる。ところで、ここで新海が、わざわざ「耳馴染《みみなじ》み」――耳に馴染んでいる――という身体性を伴った表現を用いているのはとても興味深い。体に刻まれた記憶は、我々の意識よりも深いところにまで浸透してそこに残り続けるものであり、これも物語の底流を流れる重要なテーマの一つだと思われる。

この件からは、糸守にはこのような古くからの言葉が伝承されていることが示唆されていると同時に、この言葉――おそらく「片割れ時」と書くのだろうが、これは新海の造語か――は、その後の物語の伏線を敷くものでもある。二つに割れるティアマト彗星は、地上でそれぞれ生を受け、東京と糸守で暮らす瀧と三葉のようでもあるからだ。

Ⅳ　組紐――ムスビ

組紐に話を戻す。組紐は、後に、三葉と瀧を繋ぐ（結ぶ）重要な役割を果たす。三葉は、いつも、左右の三つ編みをくるりと巻いて、赤い（小説版にはオレンジ色とある）組紐を使って頭の後ろで髪を束ねて学校に通っていた。これは、生前、三葉が母に教えてもらった髪のまとめ方だ。二葉は、亡くなってからも、このような形で三葉の中に生き続けている。ちなみに、三葉の体に瀧が入っているときは、髪は組紐で結わえられていない。つまり、組紐で結わえた髪というのは、三葉のアイデンティティを支えるものとして描かれていると理解できる。今さらながらではあるが、糸守（糸を守る）という架空の地名からも、「形」から「意味」を探る上で、糸を組んで作る組紐が重要な役割を担い、三葉がそれを受け継いでいるということがわかる。

三葉は、東京で奥寺先輩とデートをしている瀧を想像するうちに、自分の中に芽生えつつある瀧への想いに気づいたのか、その日、学校には行かずに、何かに突き動かされるように、瀧に会うため一人で東京に向かう。慣れぬ東京の街中、瀧を探して電車に乗り、バスに乗り、歩く。歩き疲れて座り込んだ駅のベンチから見た電車の窓に、三葉はようやくまだ中学生の瀧の姿を見つける。これは、三葉と入れ替わる前の、三年前の14歳の瀧である。当然のことながら、瀧の方は、三葉が誰であるのかわからない。

突然声を掛けてきた三葉を、ただ、変な女、と思うだけだ。しかし、「もしかしたら、俺が知るべき人なのかもしれない」と思い立ち「あんたの名前は……」と名を尋ねる。三葉は、「みつは！　名前は、三葉！」と答えながら、髪を束ねていた組紐を解いて、瀧に手渡す。それ以降、瀧は、どこで誰からその組紐を受け取ったのかは気に掛けないまま、お守りがわりに右手首に巻きつけていたのだ。瀧も、意識せずして、三年間糸を守り続けていたということがわかる。この組紐は、後日、黄昏時に、ご神体のある山で二人が初めて本当の姿で出逢ったとき、再び三葉の手に戻る。

映画の中では、組紐は赤い色で、二人の結びつきが前世からのもので、運命の赤い糸を思わせるが、小説版では「オレンジ色の鮮やかな紐」（p.133）とある。「赤い」ということになると、あまりにもっともらしいので、新海はあえて「オレンジ色」にしたのかもしれない、と思ってみたりする。

瀧は、三葉を探しに糸守に向かっていたとき、奥寺先輩に糸守町が組紐の産地であることを教えられ、初めて手に巻きつけている組紐に意識が向き、どこで、誰からもらったものだったのか、と思いを巡らすが思い出せない。組紐を端緒に、「この紐を辿ればなにかがある、そんな気がする」と、三葉の体に入って口噛み酒を奉納するためにご神体に行ったときの記憶を呼び覚そうとする。

一葉の声。「**糸を繋げることもムスビ、人を繋げることもムスビ、時間が流れることもムスビ、ぜんぶ、同じ言葉を使う。それは神さまの呼び名であり、神さまの力や。ワシらの作る組紐も、神さまの技、時間の流れそのものを顕《あらわ》しとる**」（p.88）。これは、山道を歩きながら、瀧が一葉から聞いた言葉である。

秋の山の紅葉した木々－視覚、沢の音－聴覚、水の匂い－嗅覚、甘い麦茶の味－味覚……と断片的な感覚の記憶がつながりイメージの連鎖となり、風景の記憶が蘇る。こうした五感に開かれた表現は、小説の読者の体の中にも浸透するようで、まさに新海誠の真骨頂だ。

第2章で取り上げた、新海の最も初期の作品、『彼女と彼女の猫』（1999）の猫の語りの中にも、繊細で感覚的な描写が幾つも散りばめられている。日頃の忙しさにかまけてすっかり忘れているようでも、じっくりと思い巡らしてみると、これと同じような記憶が呼び覚まされる体験をしたことに気づく人も多いのではないだろうか。

瀧は、組紐――具体的な「形」をもつもの――から、五感を通して徐々にその「意味」を呼び覚まし、最終的にあの時の風景の記憶に辿り着いた。組紐が、瀧の記憶を手繰り寄せて三葉と瀧をつないだ、つまり組紐が二人の間を結ぶ、ムスビの役割を果たしたのである。

V 「体に入ったもんは、魂とムスビつく」

口噛み酒の奉納に行った日、一葉は、上述の言葉に続けて「**よりあつまって形を作り、捻《ねじ》れて絡まって、時には戻って、途切れ、またつながり。それが組紐。それが時間。それが、ムスビ**」（p.88）と三葉たちに語りかける。これは、「出会っては離れ離れになり、二人の時間がズレて再び出会い……」が繰り返される、三葉と瀧の関係のことを語っているようにも聞こえてくる。瀧（体は三葉）は、透明な水の流れを思い浮かべながらこれを聞いている。「石にぶつかって分かれ、他と混じり、また合流し、全体としてはひとつに繋がったもの……」(p.88)と。「婆ちゃんの言葉の意味はさっぱり解らないけれど、なにかとても大切なことを、俺は知ったような気持ちになる」(p.88)と、言葉の意味そのものはわからなくとも、何かが瀧の心に届いたようだ。

余談になるが、『君の名は。』は海外でもある程度知られており、カナダ人とイギリス人の知人は、時間についてのこの語りにとても感動したと言っていた。文化の違いを超えて、どこか心を打つところがあるのであろう。

もう一点、この後に続く一葉の言葉にも触れておきたい。「**知っとるか。水でも、米でも、酒でも、なにかを体に入れる行いもまた、ムスビと言う。体に入ったもんは、魂とムスビつくで……**」(p.89)。これは、口噛み酒の奉納は、宮水家が受け継いできた、神と人間とをつなぐ大切なしきたりであることを教える一葉の台詞であるが、このことは、言葉についても当てはまるのではないか。つまり、上述の一葉の言葉が、意味はわからずとも瀧の体の中に取り入れられて、瀧の魂とムスビついたと考えられるのではないだろうか。なぜこういうことが、このとき、瀧(体は三葉)に起こったのか。この点はのちに考察する。

さらに、「**体に入ったもんは、魂とムスビつくで**」という言葉は、三葉の体に入った瀧が三葉の魂と結びつき、瀧の体に入った三葉が瀧の魂と結びつくことを、先取りして、重ねて告げているようにも聞こえる。

Ⅵ 「繭五郎の大火」――名前は残っているけれど

再び、宮水家の作業部屋で一葉、三葉、四葉の三人で組紐を作っている場面を思い起こして欲しい。組紐を編みながら一葉の得意の口上が始まる。「ぞうり屋の山崎繭五郎《やまざきまゆごろう》の風呂場から火が出て、このへんは一帯丸焼けとなってまった。お宮も古文書も皆焼け、これが俗に言う――」(p.34)、ここまで言うと、祖母は三葉の方をチラリと見る。幼い頃から繰り返し聴かされてきたこの話、三葉は即座に「繭五郎の大火」と答え、祖母は満足気である。

200年前の糸守の大火は、草履屋の山崎繭五郎宅の失火による火事ということで、わざわざ「繭五郎の大火」と名前がつけられて言い伝えられている。『君の名は。』というタイトルからして、この物語においては、名前が重要な意味をもっていることは明らかであるが、「繭五郎の大火」と命名されることにはどのような意味があるのだろうか。確かに、ただ漠然と火事があったというよりは、名前がついていた方が、人々の記憶に、この事件が、具体的でリアルな出来事として残るであろう。現在も、山崎繭五郎の一族は糸守に住んでいるのだろうか。あるいは、居づらくなってどこかに移住したのだろうか、などと想像が膨らむ。しかし一方で、糸守の町の伝統が途切れた理由を、「繭五郎の大火」で神社も古文書もすべて消失したので伝統の「意味」はすべてわからなくなった、という形骸化したストーリーの中に見出したつもりになって、人々が納得しているだけともいえるであろう。

「繭五郎の大火」の場合は、状況は何もわからないまま、まず名前ありきなのに対して、三葉と瀧に関しては、互いの名前を知るまでのプロセスが重要な意味をもっている。二人は、相手の名前を知らないまま体が入れ替わり、相手の体を通して世界を体験し、まず内側から相手のことを知っていく。相手がどこにいるのか、誰なのか、それさえなかなかわからない。瀧は、内面から芽生えた三葉の身を案ずる気持ちに導かれるように、命を賭けて隠り世（あの世）に足を踏み入れ、死の世界から三葉を連れ戻したともいえるであろう。途中、二人は、互いの名前を名乗り合う機会があっても、それは彼らの記憶にとどまらず、すぐに忘れられてしまう。そのような苦難の段階を踏んだ末に、ようやく最後、互いに名乗って、おそらく名前を知るであろうことを示唆したところで物語は終わる。

これはやはり、繭五郎の件とは対照的である。初めに名前があり、それで皆が納得した気になっているが、実はわかっているのは繭五郎宅の失火によって「文字」の記憶（古文書）と「形」の記憶（建物）が失われたという事実だけである。「繭五郎の大火」という名前は、もはやただの記号――「形」のようなものになっており、失われたものの「意味」については誰も関心をもたないし、知ろうともしていない。

この物語は、相手を中身から少しずつ知っていくことの重要性を教えてくれているのではないだろうか。このようなプロセスは時間がかかるし、危険も伴う。しかし、三葉と瀧にとって、このような出逢いのプロセスこそが重要であり、それが結局糸守を救うことになる。

ムスビについて

ムスビは『君の名は。』のキーワードの一つであるが、この物語を読み解くとき、「糸守では伝統が形骸化して土地の記憶が途絶えていました。さて、ムスビの力が働いて、どのようにして『形』から『意味』が回復されるのでしょうか」という視点だけでは十分とはいえない。あるいは、「糸守の宮水三葉さんと東京の立花瀧さんとが出逢って、なかなか会えない時期があったのですが、最後にまた会うことができました。運命の糸が二人を結んだのでしょうか」といった、ただの恋愛物語として読むだけでも十分とはいえない。もちろん、どのように読むかは人それぞれでよいのだが。

２０１６年11月29日付のTwitter（新海 2016c）で、新海が「僕は映画には『ムスビを大切にする』という意図は込めていません。ムスビ（絆）は『ほだし（人を縛るもの）』と両義で、若者を自立から阻むものでもあるからです。……」と呟いているのは非常に興味深い。２０１１年3月11日の東日本大震災の後にも、「絆」といった言葉をよく耳にしたので、これを公言するのは勇気が要ったかもしれないが、私はそのとおりだと思う。ムスビ（絆）はヘタをすると、新海の言うように、若者の自立を阻み得るものであり、何か周囲の人と違うことをしようとすると足を引っ張り得るものでもある。

若者だけではなく、周囲の人々と違うことをしようとすると苦労をするのも、独特な日本文化の特徴である。

ムスビや絆というのは、繋ぐものであり、これは「母なるもの（母性）」のもつ特徴である。ユング心理学の言葉でいえば、「Great Mother：グレートマザー（太母）」である。優しく、育み、包み込むグレートマザーは、多くの人が抱く母親の肯定的なイメージである。しかし、裏を返せば、自分の手元にいる限りは愛しむが、彼女の元から離れようとすると、そうはさせない、と抱きしめ、摑んで離さず、挙げ句の果てには、呑み込んで殺してしまう恐ろしい存在でもある。これはグレートマザーの否定的な側面である。おそらく地縁、血縁の結びつきが非常に強い地域に生まれ育った新海は、このようなグレートマザーの力の両側面をよくわかっているのだと思われる。

もう一点、この物語が素晴らしいのは、色々なものが断絶しているように見えるが実は、どうやら宮水家の女性たちを通して、目に見えない（イメージの）次元で伝えられてきたものがありそうだという点である。繋がっていないように見えて、実は目に見えない次元で繋がっている、という物語なのである。これは現代人の心（psyche）について考える上でも重要な示唆を与えてくれると思われるので、後にあらためて取り上げる。

第5章 「心」と「体」そして「身」

I 他者の体に入って見る風景——三葉（体は瀧）の場合

三葉は、飛騨の山奥、人口1500人の糸守町の伝統ある神社の家に生まれた。そこで育ち、ずっとそこに暮らしてきた三葉が、瀧の体の中に入って見た東京は、東京で生まれ育った瀧が見てきた東京とは同じであって、同じではない。

ある朝突然、瀧の体に入ってしまった三葉は、まず体の形の違和感に戸惑う。「相手の身になって……」という表現があるが、三葉は「身」になる段階を踏むことなく、一気に瀧の「体」になってしまったのである。日本語の「身」という言葉はとても興味深いので、後にあらためて取り上げる。

瀧の体になった三葉は、訳もわからないまま大急ぎで学校へ向かう準備をして、（瀧の住む）マンションの扉を開き、そこで眼前に広がる憧れの東京の景色に目を奪われる。公園の緑、建ち並ぶ大小のビル群、おもちゃのような小さな自動車が整然と列をなして流れている。それは、三葉にとっては息を呑むような景色であっても、瀧にとってはいつもの見慣れた光景に過ぎず、ことさら目を引くこともないであろう。

「三葉の目で見る東京は、知らない外国のように輝いている。俺たちは同じ器官を持って生きているのに、まるで違う世界を見ている」（pp.150–151）という瀧の言葉が、とても印象的である。

たとえば、旅行に行って、こんな綺麗な景色のところに住んで、毎日こんな景色を見ることができたらどんなにいいだろう、と思うことがある。しかし実際に住んでみると、たぶん、綺麗だと思った景色も、すぐに当たり前の見慣れた景色になり、特段感動を生むこともなくなることがある。反対に、これまで毎日見ていたはずの何の変哲もないものに、ある時ふと目が止まり、心動かされることもある。こんなところにこんなものがあったのか……と。ずっと見ていたはずなのに、実は、本当は見ていなかったということなのだろうか。見ている者の心のありようによって、同じものでも見え方が違うということがあるようだ。

慣れ親しんだ日常的な事物を、非日常的なものとして表現するための芸術の手法に、「異化」という概念がある。これは、ロシア・フォルマリズム（１９１０～１９３０年代頃のロシアの文学運動の学派）の中心的人物だったヴィクトル・シクロフスキーが概念化したものである。我々は、見慣れた日常的なものは、見ていても見ていない、つまり、知覚が自動化してしまうのである。シクロフスキーは、わざわざトルストイの日記（『年代記』誌　1915年12月号 p.354）から「もし多くの人々の生活全体が無意識的に過ごされていくのなら、そのような生活は存在しないも同然なのだ」という言葉を引用し、「生の感覚を取りもどし、事物を感じとるためにこそ、石を石らしくせんがためにこそ、芸術と呼ばれるものが存在しているのである」（Шкло́вский 1917/1988, p.25）と述べている。我々は、知覚の自動化から解き放たれることで、事物の本来の姿を感じることができ、生の感覚を取り戻すことができるともいえるであろう。

上述の、東京の街の景色を見たときの感動の体験を、三葉の体験というべきか、あるいは瀧の体験というべきなのかは難しいところではあるが、二人が入れ替わることで、二人の体験として「異化」という現象が生じたといってもよいのではないだろうか。三葉（体は瀧）には、高校の校舎の建物さえ、「これって世界万博会場とかなのでは？　というくらい異様にお洒落《しゃれ》」に見え、「立花瀧とかいうこの男は、私と同じ歳でこんな世界に生きているのか」（p.53）と感激する。おしゃれなカフェでのパンケーキにシナモンコーヒー、格式高いイタリアンレストランでのバイト。見るものすべてに驚かされる。三葉（体は瀧）は、視覚だけではなく、匂いにも敏感だ。「……東京は様々な匂いに満ちていることに私は気づく。コンビニ、ファミレス、すれ違う人、公園脇、工事現場、夜の駅、電車の中、ほとんど十歩ごとに匂いが変わった。人間っていう生き物は集まるとこんなに濃い匂いを出すんだと、私は今まで知らなかった」（p.67）と。そして「……この街には、目の前を流れるこの窓の明かりのぶんだけ、人の生活があるのだ」（p.67）と感激する。

振り返ってみるに、我々は、自分を取り巻く周囲の風景や見慣れた日常に対して、人間の生の営みに対して、このときの三葉のような瑞々しい感覚をもっているかといえば、おそらく否であろう。ずっとこのような体験の仕方をしているとたぶんフラフラになってしまうので、人は、ある程度知覚を自動化し、ある程度鈍感であることで、情報過多の今の時代、なんとか生き延びているのかもしれない。しかし、そのような状況が恒常化してしまうと、目先の、日常の目に見えるものだけを見て――本当はそれさえ十分には見ていないのだが――、それがすべてと思い込み、そこに拘泥してしまうということが起こりかねない。確かに、時には他者の視点で見ると、事物がまったく違って見え、新しい発見があり得る。

ひょっとしたら、上述のような三葉の感動は、新海が高校を卒業して、長野から東京に出てきたときの体験の記憶を描いたものかもしれない。おそらくそれ以降ずっと東京在住の新海にとって、このような新鮮な体験の記憶は、少しずつ色褪せていくであろう。それを、『君の名は。』という物語の中に描くことで、ずっと「形」あるもの――小説における文字と映画における映像――として留めておくことができる。「『君の名は。』は僕にとって、今までの40年ちょっとの人生をすべてぶつけたような渾身の一作です」（新海／コミックス・ウェーブ・フィルム 2016）という第2章でも触れた新海の言葉から、このようなことも想像したくなる。

Ⅱ　他者の体に入って見る風景――瀧（体は三葉）の場合

一方、瀧の方は、三葉の体の中に入り、祖母と妹と一緒に口噛み酒の奉納のために山の上にあるご神体に向かう。10月の秋の山道を歩きながら、小説版では「太陽を透かしたカエデの葉群れが、染めたように赤い。空気はからりと乾いていて、気持ちのいい風には枯れ葉の匂いがたっぷりと含まれている。十月。この町はいつの間にか、すっかり秋なのだ」（p.86）という瀧のモノローグが続く。都会で生まれ育った瀧にとって、自然の中の、秋を告げる景色のひとつひとつが新鮮なものとして目に映る様子が伝わってくる。

山道を歩きながら、一葉は、「**土地の氏神《うじがみ》さまのことをな、古い言葉で産霊《むすび》って呼ぶんやさ。この言葉には、いくつもの深いふかーい意味がある**」（p.87）と孫娘たちに語り始める。瀧は、初めは、「こいつらって昔話的世界に生きているんだな」と半ば呆れ、「神さま？　唐突になんの話だ？」と困惑するも、次第に一葉の話に耳を傾け始める。瀧は、腰は折れ曲がって杖をついているけれど、和服姿でシャンとして山道を歩く一葉を見ているうちに、三葉たちを育て、おいしいお弁当を作ってくれる「婆ちゃん」へのあたたかい気持ちが頭をもたげ、思わず「おぶらせて。良かったら」と申し出る。「遠い昔に誰かの家でかいだような不思議な匂いがぷんとする。一瞬、以前にもこんな瞬間があったような、不思議なあたたかな気持ちになる……」（pp.86–87）と、小説版では瀧の心の中の語りが続く。

第1章でも触れたように、中学生、14歳の時点で、瀧は母親とは一緒に暮らしていない。父親と二人暮らしだ。二人は、食事を作るのも、当番制にして協力してやっているようだ。瀧は、学校にもバイト先にも友達がいるし、ある程度楽しく過ごしていても、どこかで「母なるもの」の温もりを希求していたとしても不思議ではない。瀧の父親についての話題は少なく、限られているが、「父さんと二人きりの生活にもやっと慣れてきた頃で、二人で苦労して作ったわりにはさほど美味《うま》くもなかった夕食を終え、父さんはビールを、俺はりんごを食べながらお茶を飲んでいた」（p.220）という一文が、中学生当時の瀧の家庭の様子を物語っているように思われる。

ここでいう「母なるもの」というのは、必ずしも個人的な母親という意味だけではない。何か、無条件に自分を守ってくれるもの、あたたかく包んでくれるもの、抱き抱えてくれるもののことであり、ユング心理学でいうところのグレートマザー（Great Mother：太母）である。祖父母と一緒に暮らしたことのない瀧の中で、一葉の姿を通して、遠い昔に味わった「母なるもの」の微かな記憶が呼び覚まされたのかもしれない。「**糸を繋げることもムスビ、人を繋げることもムスビ、時間が流れることもムスビ、……組紐も……時間の流れそのもの……体に入ったもんは、魂とムスビつくで……**」（pp.88–89）という一葉の言葉は、三葉の耳を通して三葉の体の中に入り、その言葉どおりに、その中にいる瀧の魂とムスビついたとも理解できるのではないだろうか。

瀧にとっては見慣れたいつもの都会の景色が、三葉にとっては感動をもたらすものであったように、三葉にとっては幼い頃から聞かされていささかうんざりとしていた祖母の言葉も、三葉にとっては見慣れた田舎の景色も、瀧にとっては新鮮で、彼の記憶の古層に潜んでいた何かを刺激して、呼び覚ましたようである。場のもつ力ということを考えるならば、やはりこれが、ご神体に向かう山の中の、秋の木々の美しい道すがら聞いた話だったということにも、大きな意味があったのではないかと思われる。時間をかけて、体を使って、その場所まで行くプロセスこそが、古今東西に見られる巡礼における大事な要素なのではないだろうか。

また、瀧が三葉の体に入っていなければ、つまり、瀧の体のままであったなら、一葉はおそらく瀧に対してこのような話はしなかったであろうし、そもそも一緒にご神体に行くこともなかったはずである。そのように考えると、この体験も、瀧と三葉の二人が入れ替わることで起こった「異化」の現象と理解するのが相応しいように思われる。

新海の故郷、長野県の小海町は、人口4408人（2022年2月1日現在、小海町HPより）の自然豊かな美しい風景に囲まれた町だ。上述の、東京での三葉（と瀧）の感動の体験が、新海が上京したときのものだったとするならば、ご神体に向かう途中の瀧（と三葉）の体験は、新海が久しぶりに故郷を訪れたときのそれと重なるのかもしれない。自分が生まれ育ったところから一度離れてみると、そこに住んでいたときには見えなかったものが見えたり、聞こえなかったものが聞こえたりするということもあり得るであろう。

「山の端から朝日が昇る。湖の町を、太陽の光が順番に洗っていく。朝の鳥、昼の静寂、夕の虫の音、夜空の瞬き」（p.79）

「ビルの間から朝日が昇る。無数の窓を、太陽が順番に光らせていく。朝の人波、昼のざわめき、カタワレ時の生活の匂い、夜の街の煌《きら》めき」（p.79）

前者は小説版に描かれた、糸守の朝から晩までの一日の景色であり、後者は東京のそれである。どちらも美しく、かけがえのないその土地の一日の情景だ。もしも三葉の中に入った瀧が三葉の魂とムスビつき、瀧の中に入った三葉が瀧の魂とムスビついたならば、どちらの景色も新鮮な感動をもって見ることができるのではないだろうか。つまり、『君の名は。』を、本来一人の人間の中の「三葉」と「瀧」が出逢う物語として読んでみるのも面白い読み方ではないか、と思うのである。「三葉」の視点で見る景色と、「瀧」の視点で見る景色といった具合に。

Ⅲ　風景の記憶

この物語では、「風景」も重要なキーワードの一つであるので、体の話題からは少し離れるが、東京の風景について一点述べておきたい。就職面接で、瀧は、街の風景、人の暮らしている風景全般が好きで、建物を眺めたり、そこで暮らし仕事をしている人たちを眺めたりすることが好きなのだと言っている。すでに述べたが、このような瀧の言葉を聞いていると、あらためて三葉の入れ替わりの相手が瀧だったのは、決して偶然ではないと思えてくるし、彼が、このような素地がある人だったからこそ、絶対にあり得ないことが起こったのだともいえるであろう。

さらに瀧は「東京だって、いつ消えてしまうか分からないと思うんです。だからたとえ消えてしまっても、いえ、消えてしまうからこそ、記憶の中でも人をあたためてくれるような街作りを――」(p.234)と続ける。

普段、我々は、今見ている景色がずっとあるものだと思い込んでいる。そのままあり続けるのが、当たり前だと思っている。しかし、本当にそうだろうか。

糸守の方は、学校や役場など多少近代的な建物もあるにせよ、山々に囲まれた同じ景色がずっとある。おそらく新しい人の流入もほとんどないであろうから、何代にもわたってその土地の人々が、同じような景色を見てそこに生きてきたのであろう。ところが、それが、隕石の落下のために一瞬にして廃墟と化す。２０１１年3月11日の東日本大震災のことが頭をよぎる。

一方東京の方はどうなのだろう。『君の名は。』に描かれている東京は、新宿駅から四ツ谷駅の間であり、瀧の住むマンションもおそらくこの辺りにある。『君の名は。公式ビジュアルガイド』(新海 2016a)

には「瀧の家は新宿区若葉にある設定。近くに四ツ谷駅があるなど東京の中心的な場所でありこのエリアの中では高台になっているため選ばれた」（p.107）とある。また二人が出逢う最後のシーンは、四谷にある須賀神社の入り口の階段だ。

遡れば、この辺りには、江戸時代から明治、大正にかけて東京の三大貧窟と呼ばれた地域が含まれており、かなり劣悪な環境だったようだ（横山 1985）。現在とはまったく異なる風景が広がっていたことであろう。1923年に関東大震災に見舞われたことで再開発をして、当時の面影は残っていないという。災害によって風景は一変する。新海は意図してそのような場所を選んだのであろうか。そして、それは、景色が見渡せる高台であることが重要だったのであろう。

1964年の東京オリンピックの際には、東京の街の多くの路地が消失したと聞くし、日本の高度成長に伴い、東京の風景は大きく変化していったのであろう。これからもきっとどんどん変わっていくだろう。だからこそ、我々は、記憶の中に、変わらないものとして、風景を刻みつけておく必要があるのかもしれない。

今日、デジタルカメラやスマートフォンのカメラで、手軽に風景の写真を撮ることができる。美しい景色、珍しいものを見ると、写真に撮ってすぐにSNSに投稿する人も少なくない。便利になった分、ひょっとすると我々は、自分の目で景色を見ることをせずに、写真を撮っただけで見たような気になってはいないだろうか。自分の目で見て、自分の記憶に焼き付けるということをしていない気がする。

いや、これは景色だけの問題ではない。何においても、我々は、自分の目でしっかりとものを見るということをしなくなっているのではないか。撮った写真（のデータ）がなくなると、何も残らない。瀧が糸守を見つけることができたのは、瀧という存在の中に、記憶として糸守の景色が留められていたからである。だからこそ、そこから呼び覚ますことができた。この点に関しては、あらためて別の章で詳述する。

Ⅳ　入れ替わり

さて、三葉と瀧は、会ったこともなければ見たこともない、互いに名前さえ知らない相手と、眠っている間に、つまり意識の水準が低下しているときに「体」が入れ替わる。体が入れ替わるということは、内側から相手の体と出逢うことである。彼らの出逢いは、まず内側から始まったということになる。そして、この入れ替わりは、突然、不定期に起こる。

この現象は、いったい何を意味しているのだろうか。日常とは異なる、ある次元において、二人の間の境界が曖昧になるので自由に行き来ができる、つまり、二人が特別な具合に繋がっているということである。別の言い方をすると、二人が一つの「個」として完全に閉じていないということを意味している。

日本の古典文学の中には、たとえば『源氏物語』の六条御息所のように、体の中から生き霊が出て、彷徨ったりする話が数多くある。柳田國男（1946/2013）によれば、タマ（魂）が体から遊離して、遠くに行って用を足してきたり、逢いたいと思う人を訪れたりする話が語り継がれてきている。また、人間や動物の霊が取り憑く憑依現象の事例は枚挙にいとまがない。

三葉と瀧は二人の体の間の境界を自由に超えて行き来でき、また物語の中に散りばめられている日本古来の宗教的な概念（たとえばムスビなど）と相まって、『君の名は。』を、プレモダンな物語と捉えることができるであろう。ところが一方で、男女の「体」の中身がすっぽり入れ替わってしまうというのはデジタルな現象であり、きわめて現代的かつポストモダンの物語ともいえるのではないだろうか。このように、この物語は、極端に相反する要素を孕んでいるところが非常に興味深い。

物語のはじまりにおいて、瀧は三葉の体に入っている。瀧は、三葉の体の「形」を感じ、鏡に全身を映して愕然とする。一方、瀧の体に入った三葉も、瀧の体の「形」に戸惑う。実際に出逢う前に内側から互いの体を体験し、異性の体の「形」に対する違和感を体験している。映画を見ながら、観客もこのリアルな違和感を共に体感できるのではないだろうか。小説版を読むだけでは、そこまでのインパクトは感じられない。このように体の感覚に訴え、物語の中に観客を取り込み、没入させることができるのは、アニメーション映画のもつ強みである。

一方小説版では、朝、目を覚まし、三葉の体に入っている瀧が、違和感をもつ場面については、まず「風邪か？　鼻と喉に違和感がある。空気の通り道が、いつもよりすこし細い。胸が、奇妙に重い。なんというか、物理的に重いのだ」（p.14）といった体の内からの感覚の描写がある。次は視覚だ。「俺は自分の体に目を落とす。そこには胸の谷間がある」と続く。さらに「もんでおくか」と、触覚を通して三葉の体を感じる。

それに対して瀧の体に入った三葉の方は「（見知らぬ部屋で目を覚まし）『……どこ？』と呟いたとたん、喉の妙な重さに気づく」。体の内からの違和感だ。「反射的に手をやる。硬く尖った喉に、指が触れる」。続いて聴覚。「『んん？』とふたたび漏らした声が、やけに低い」。そして「視線を体に落としてみる。……ない。見覚えのないTシャツはお腹まですとんとまっすぐに落ちていて、ない。おっぱいが、ない」（p.47）、と視覚を通して瀧の体を把握している。この物語では、すべては「形」から始まり「意味」（三葉という人物、瀧という人物）の理解へと向かう。

第2章でも述べたが、新海はこのように五感（ここでは視覚、触覚、聴覚だが）に開かれながらの繊細な描写が特徴的である。小説の文字を追いながら、読者は、自分の中で、ひとつひとつ三葉と瀧が感じている感覚を、体を通して追体験することができる。映画の場合は、視覚的にすべての情報が一時に目に入ってくるので、瞬時に物語の中に引き込まれる。

新海自身は、『君の名は。』を「ジェンダーの差異の話」にするつもりはないとのことで、「ひとりの人が別の人間になるスイッチの面白さや、お互いの身体を通じてお互いの見ている風景を感じて、そこでお互いを知るというところがポイントになればいいなと思いました」（新海 2016a, p.48）と述べている。

この言葉は、上述の入れ替わったときの三葉と瀧の、互いの住む土地の風景に対する感動の体験というのが、新海にとって重要な意味をもっていることを裏づけているように思われる。

V 「体」と「身」

「からだ」を漢字で表記する場合「体」と「身体」があるが、本書では、私は意図して「体」と表記している。なぜか。ここで、哲学的な心身論にまで掘り下げて考察することは手に余るが、体と身をめぐって、『君の名は。』という物語が、現代人の心のありようの特徴を示唆していると思われるので、少しここで触れておきたい。

まず、「身」にはどのような意味があるのだろうか。『常用字解』(白川 2003)によれば、「身」は、妊娠してお腹の大きな人を横から見た形をかたどって作られた象形文字であり、「みごもる」の意味から、「からだ」と「自身、自分」などの意味に用いるようになったという。「身」とは、入れ物としての「体」と、その中に身籠っているモノの両方を内包する意味合いをもつようになったということであろうか。体の中に身籠っているものというのは、必ずしも「心」のみを指しているわけではなく、「体」と「心」は簡単に切り離すことはできないニュアンスをうまく表しているという印象がある。

「身」を用いた言い回しとして、たとえば「身がもたない」といった表現があるが、「体がもたない」だけではなく、「心がもたない」だけでもない、「心」と「体」という二分法の発想では捉えきれない、曖昧に両者を含む意味合いをもっているように思われる。「身から出た錆」、「身の程知らず」、「身に余る光栄」、「身の丈にあった」、「身の上話」など、それぞれが意味するものを味わってみると、「身」がいかに含蓄をもつ言葉であるかがわかるであろう。実は、これは、英語で表現するのが難しい日本語の言葉の一つである。

このように考えると、三葉と瀧に起こった入れ替わり現象に関しては、「身」を含めた「身体」ではなく、「入れ物」としての「体」の入れ替わりと理解するべきではないだろうか。二人が、目を覚ましてまず戸惑ったのは、見知らぬ部屋の中の景色と、異性の体の「形」である。二人は、体の「形」の感触に違和感をもち、鏡に映した自分の体を見て愕然とする。二人の出逢いは、まず相手の体の中に入り、「形」を感じることから始まり、「形」から「意味」――三葉という人物、瀧という人物――を知るプロセスの物語として展開する。

しかし一方で、すでに述べたように、ある次元においては二人の間の境界は曖昧で、二人は繋がってもいる。つまり、出逢う前から、彼らはすでに一体でもあるのだ。このように考えると、象徴的に見るならば、物語は、「1」――曖昧な形で繋がっている二人――から始まり、二人が別々の「個」としてのアイデンティティをもった「2」に分離し、あらためてどのように出逢うのか、を描き、最後に、象徴的な意味で「1」――二人が結ばれる――になる可能性だけを示唆して終わる、とも読むことができる。簡単にいえば、「1」→「2」→「1」のプロセスを描いているわけだが、初めの「1」と最後の「1」とは質的に違うというところが重要なポイントである。

これとパラレルに展開する、糸守の伝統の「形」から「意味」を探るプロセスについても、「糸守では伝統が形骸化して土地の記憶が途絶えていました、さてどのようにして回復されるのでしょうか」という読み方だけでは十分ではない。

この物語が興味深いのは、どうやら宮水家の女性たちを通して、目に見えない（イメージの）次元で代々伝えられてきたものがありそうだという点である。それは下記の件から窺い知ることができる。

一葉は、三葉の体の中に瀧が入っているとき、それが三葉ではないことを時々見破っている。ティアマト彗星が地球に最接近するという日の朝、三葉（中にいるのは瀧）に向かって祖母は突然「……あんた、三葉やないんか?」と言う。

そこで一葉から明かされたのは、一葉自身が少女の頃、知らない町で、知らない男になっている不思議な夢を見ていたことを思い出したという話である。それは夢というより現実だったという。しかし、覚えているのはそんなことがあったということだけで、具体的な記憶はすっかり消えてしまっているようだ。「ワシの母ちゃんにも、ワシにも、あんたらの母ちゃんにも、そんな時期があったんやで」という祖母の言葉から、どうやら宮水家には少なくとも四世代の女性たちを通じて受け継がれてきている何かがあることが見て取れる。

この謎は、1200年ごとに訪れる厄災を回避するために、数年先を生きる人間と夢を通じて交信する能力が巫女の役割として宮水家の血筋に備わった、世代を超えて受け継がれた警告システム、と瀧が推察することによって説明されている。三葉が、三年先を生きている瀧の体の中に入って彼の人生を生きることで、糸守に彗星の隕石が落下することを知る。

一葉→二葉→三葉、四葉の系譜は、二葉の早世によって一見途切れたように見える。つまり目に見える部分では繋がっていないように見えるのだが、上述したように目に見えない次元では繋がっている。繋がっていないけれど、繋がっているという二重性がこの物語を動かす動力になっているように思われる。

口噛み酒、組紐、そして巫女舞という「形」にこめられた意味がどのように蘇るのか。一方、「今回の作品（『君の名は。』）は、本質の部分で言えば、出会えないはずの二人の出会いを描いているものです」（新海 2016b）と新海本人が述べているように、この物語の中核的なテーマとして、三葉と瀧の二人がどのように出逢うか、というのがある。二人の出逢いの段階が進展し関係が深化するにつれて、伝承されてきた「形」の「意味」が明らかになる。それを支えているのが、上述したような見えない繋がりの力だと思われる。そしてそこに込められた「意味」は、宇宙との繋がりを示唆している。これは、新海（2016a, p.58）の「描きたかったのは小さな心のやり取りが大きな宇宙的スケールまで広がるということ」という言葉を裏づけているといえるであろう。

第6章　沈黙の時期

Ⅰ　他人の人生を生きる

夢の中で週に2、3回、不定期に体が入れ替わる体験を繰り返すうちに、初めは戸惑っていた二人だが、どうやら立花瀧という男の子は東京で暮らしている、実在する同い年の高校生で、宮水三葉も実在する高校生の女の子で、糸守で暮らしている、そして、周囲の反応から、確かに自分たちは入れ替わっている、という実感をもつようになる。体が入れ替わった日には、スマートフォンに日記やメモ――「文字」の記録――を残し合うという方法で、二人はコミュニケーションを取り始める。

後に、瀧はようやく糸守を探し当てるが、三年前に隕石の落下のために街は廃墟と化し、三葉たちは皆亡くなっていたということを知ったとき、瀧のスマートフォンに記された三葉の日記の文字が、一文字一文字化け始め、すべて消えてしまう。まるで、こちら側の意識の世界から、向こう側の無意識の世界に吸い込まれていくみたいに。三葉の日記とは、三葉が瀧の体に入っているときの、彼女の体験の記録である。それがすべて消えてしまったのだ。

三葉と瀧は、目覚めると急速に不鮮明になる夢を記憶に残すために、入れ替わった日の出来事をスマートフォンに残し、互いの生活を守るために相手に向けて禁止事項を決めていた。三葉から瀧へは、お風呂には入らない、体を見ない、体に触らない等々、瀧から三葉へは、無駄遣い禁止、奥寺先輩と馴れ馴れしくしない等々。それにもかかわらず、三葉の体に入った瀧は、バスケットの授業で大活躍して男子の注目を浴びてしまうし、スカートなのに脚を広げて座る。また、知らない男の子に告白をされて「考えとく」と返事をしてしまう。一方、瀧の体に入った三葉は、瀧のお金を使って高価なケーキをどんどん食べるし、瀧の憧れの奥寺先輩との関係を勝手に進展させたりもする。

他人の体の中に入り、他人の姿形になって、他人の人生を生きる体験。二人は次第にテンションが上がり、この奇妙な出来事を楽しむようになっていた。しかし、互いに悪態をつき、好き勝手をしているようでいながら、三葉は「……瀧くんバイト入れすぎだよ、ぜんぜん遊びに行けないじゃない」と瀧を気遣ったり、瀧は瀧で「婆ちゃんとの組紐作り、あれ俺には無理だって！」と、三葉の立場の大変さを実感したり、互いを少しずつ理解し始める。

「相手の身になって」とか、「相手の立場に立って」という表現があるが、相手の「体」になって実際に体験してみてこそ、相手のことが最もよく理解できるのではないだろうか。ポジティヴなこともネガティヴなことも。たとえば離婚を考えているカップルが「入れ替わり」を体験してみると、離婚を思いとどまるということがあり得るかもしれない。

Ⅱ　繋がらない時期

そんなある日、三葉は、実際に行くことになるのが（瀧の体の中に入った）自分なのか、あるいは瀧なのかわからないまま、デートのお膳立てをする。入れ替わりは不意に訪れるので、どちらが行くことになるのかまったく予測がつかないのである。三葉は、自分が、憧れの奥寺先輩との東京でのデートに行きたい、という気持ちもあったのかもしれない。

一方、何も知らない瀧は、心の準備もないままデートに向かうが、美術館での「郷愁」と名づけられた写真展で、「飛騨」と書かれたエリアの風景の写真を見るうちに、奇妙な既視感を覚える。結局先輩とのデートは、間がもたない上に、瀧は、写真の風景にすっかり心を奪われて心ここにあらずの状態になり、散々な結果に終わるが、その帰り、瀧は一人東京の街の景色を見ながら、また三葉の中に入って三葉と話したい、三葉の町に早く行きたい、と強く思う。瀧は「俺たちは入れ替わりながら、同時に特別につながっていたのだ。体験を交換していたのだ。ムスビついていたのだ」（p.104）と確信するに至り、試しに三葉に電話をかけてみるが、やはり繋がらない。電話とメールに関しては、入れ替わりが始まった頃からずっと繋がらなかった。それもそのはず、彼らの生きている時間には三年間のズレがあるのだから、当然といえば当然である。

興味深いのは、このデートのコースを計画したのが三葉だったという点である。つまり、三葉が意図したことだったのか否かはわからないが、瀧が、この日、飛騨地方の写真を見るように仕組んだのは、三葉だったということになる。ここで、瀧が強烈な既視感をもったことが、物語を次の展開へと誘う。

この日以降、二人の入れ替わりは突然終わる。入れ替わりが起こらない、スマートフォンという文明の利器をもってしても繋がることができないこの時期は、二人の関係の変容のためには非常に重要な意味をもつ。

Ⅲ　沈黙の時期――下降

これまでのように、入れ替わるたびに、互いに言葉を残すというやり方で繋がっていたのが突然断たれると、何が起こるか。二人が、少しはしゃいで互いの人生を楽しむようになるにつれ、外界に向かうようになっていた心のエネルギーも、周囲に変に思われないように気遣うために使われていた心のエネルギーも、行き場を失い心の内側に向かうようになる。瀧は自らの記憶の中の風景を求めて、心の中を下降し始める。このような時期にこそ、内的な心の仕事が可能になるのである。

瀧は、急に入れ替わりが起こらなくなったことで、三葉の身を案じるようになり、三葉の体に入っていたときに体験した糸守の風景を求めて、おぼろげな記憶を頼りにスケッチを始める。こういうことは、友達に言ってみてもわかってもらえるはずもないし、そもそも誰にも言う気がしない話であろう。これは、瀧の、沈黙の中の孤独な作業である。

小説版の中の「鉛筆を、ひたすらに動かす。炭素粒子が、紙の繊維に吸着していく。描線が重なり、白かったスケッチブックがしだいに黒くなっていく。それなのに、記憶の中の風景は未《いま》だ捉えきれない」（p.108）といった記述は、自ら絵を描く新海誠ならではの繊細でリアルな表現である。一方映画には、鉛筆の音、扇風機の回る音、消しゴムで消す音があることで、かえって静けさが強調され、夜、瀧が静寂の中、一人ひたすらスケッチをしている雰囲気が伝わってくる。

「夜の部屋で、俺は絵を描く。机には図書館から借りてきた山岳図鑑が積まれている。スマフォで飛騨の山並みを検索する。記憶の中の風景とマッチする稜線《りょうせん》を探す。それを、なんとかして紙に写し取ろうと鉛筆を動かし続ける」（p.108）という瀧のモノローグは、曖昧でおぼろげになった記憶の中に降りて行き、そこで糸守の風景を自分の中から呼び覚まし、それを拾い上げて鉛筆で描く様子を語っている。実際に手を動かして絵を描く作業に没頭していると、自分の中でイメージが動き始め、いろいろな感情が呼び覚まされることがある。やはり、実際に自分の手を動かすという行為に意味があるようだ。

実際に手を動かすということ

ここで心理療法での例を一つ挙げてみたい。守秘義務のため具体的な内容に関しては控え、修正を加えて、心の真実についてのみ記すこととする。

20代の女性Aさんは、あるショッキングな事件が重なり、初めて来談されたときにはワナワナ震えていて喋れないだけではなく、ほとんど声が出ない状態だった。私は、何を尋ねてもAさんを傷つけてしまうのではないかという気持ちになり、沈黙の中ただ一緒にいるというような面接が何回か続いていた。

ある時ふと思い立ち、側にあった画用紙を手にして「もしよかったら何か描いて来られませんか」と尋ねてみた。するとAさんは小さく頷き、次の面接の日に一枚の絵を持って来られた。そこには花瓶とドライフラワーが繊細なタッチで描かれ、美しいグラデーションの背景が丁寧に水彩絵具で彩色されていた。何時間もかけて描かれたのであろうことは明らかだった。

その絵をテーブルの上に置いて、Aさんは少しずつ話し始められた。休職中なので、家で一人ソファに座っているとき、目に入ったのがこのドライフラワーだったという。このドライフラワーが、どのようにして誰から彼女の手に渡ったのか、といった話から、人間関係のこと、家族のこと、さらに時間は遡り、高校生の頃のこと、中学生の頃のこと、それ以前のこと、と話題は拡がり、「あの事件は偶然起こったのではないと思う」と言われるに至り、Aさんの語りはどんどん深まっていった。

Aさんは、本来言葉によって豊かに状況や感情を語ることのできる人だった。一人で、手を動かしながら絵を描く。その作業を進めながら、Aさんの記憶の中のイメージが活性化されて、動き始め、それに伴って感情も呼び覚まされたのだと思った。

もう一つ私が芸術系の大学に勤務していた頃のエピソードを紹介する。１９９０年代半ば当時、デザインを専門とする学生たちは、すでにパソコンを使って作品を作ることが一般的になっていた。ある日、実習で教員が、パソコンではなく自分の手で線を引いて作品を作るという課題を出したところ、学生たちは嬉々として熱心に作品を作っていたという話を聞いた。もちろんパソコンを使うと、正確に簡単に線が引ける。しかし自分の手から直に作品が生み出されていくのは、やはりワクワクするような体験だったようだ。

瀧の場合は、手を動かして記憶の中にある景色を呼び起こしながら、それを描く作業に没入する中、糸守や三葉への想いを実感するようになったのではないだろうか。小説の中の記述は、黙々と、自分の記憶の風景と、既存の景色の写真との照合を試みている瀧を想像させる。小説の中の想像力を働かせるまでもなく、すでにそのような瀧の姿が映像として目の前にある。映画の場合は、このように想いとかの問題ではないが、小説版の言葉の一言一言を、噛み締めるように、想像しながら共に体験しているような気持ちで読んでいくのもなかなかいい。

ここで、少し心理臨床の視点から述べておくと、大抵の親たちは、自分の子どもたちが、夜な夜な部屋にこもって何かをしている、風景の写真の載った山岳図鑑を次々と図書館から借りてきている、部屋の壁には幾枚もの風景のスケッチが貼り付けられている、ということになると心配になるだろう。しかも、最近口数も減った、ぼーっとして一人で考え込んでいることもある、となるとさらに不安にもなり、大丈夫なのか、勉強はやっているのか、毎日部屋に閉じこもって何をしているのか、など次々と尋ねたり、場合によっては、昼間子どもが学校に行っている間に、子どもの部屋に入っていろいろ探りを入れたりする親もいるかもしれない。

ここで大事なのは、瀧の置かれている状況である。つまり母親は同居しておらず、父親は、霞ヶ関勤務で（三葉が瀧の日記の中に「お父さまの仕事場訪問♡霞ヶ関！」と書いている）、映画を見る限り細やかに息子を見守る父というよりは、家事も瀧と分担し、二人がそれぞれに生きているといった印象が強い。少なくとも、瀧の微妙な変化に気づいて、父親が何か介入してくるということは考えにくい。いわゆる「母なるもの」の守りが薄いといえるであろう。しかし、このような瀧の環境が、ここでは功を奏し、彼は邪魔されることなく、風景を探し求める作業に没頭できたのである。

映画の中の瀧の様子を見ていると、授業中も、友達と一緒にいるときも、彼の心がそこにないのは明らかである。それでも瀧は、一応毎日学校に行き、バイトにも行っている。周囲の人に対してもきちんと対応をすることを心がけている。小説版には「通勤ラッシュの中、毎朝電車に乗って学校に行く。退屈な授業を聞く。司たちと弁当を食べる。街を歩き、空を見上げる。いつの間にか、空の青がすこし濃くなっている。街路樹がすこしずつ色づきはじめている……バイトにも通う。奥寺先輩と同じシフトの日もある。俺はなるべく彼女をまっすぐに見て、きちんと笑顔を作り、普通に話す。誰に対してもフェアでありたいと、強く思う」（pp.108–109）とある。瀧が、糸守の風景を見つけ出す作業にのめり込んで、それ以外のことをなおざりにする人ではない、ということがわかる。現実的なこともきちんとこなす。また、空を見上げたり、季節の変化を感じ取ったりと、瀧には、心の落ち着きを保ち、視野が狭窄してしまわない資質が兼ね備わっていることが窺える。

瀧が、突然選ばれて（召命されたといってもよいかもしれないが）、託された使命――三葉と協力をして糸守の住民と町を救う――を遂行できるか否かは、彼が、そのための感受性をもち合わせていると同時に、上述のような力をもっていることにかかっているといえるだろう。就職活動でも瀧は苦戦していたが、面接でも、しどろもどろになりながらも、面接官に媚びて調子のいいことを言うのではなく、自分の言葉で自分の思いを述べている。彼にはそういう力がある。

夜、自室でひたすら風景のスケッチをする毎日が続く。小説版には「まだ真夏のように蒸す夜もあれば、もう肌寒くてジャージを羽織る夜もある」（p.109）とあり、ある程度の期間、瀧がこの作業に没頭していたことがわかる。

「繋がらない時期」は、三葉と瀧の間の、言葉を残すことによる目に見えるコミュニケーションは途絶えてしまうが、二人の関係が質的に変化する重要な時期でもある。スケッチをしながら、三葉の体の中に入っていたときに見た糸守の風景、ご神体に一葉や四葉と一緒に行った道すがらのやりとり、そこで感じた「母なるもの」の温もり、自分の体に入って活き活きと東京の生活を楽しんでいた三葉、瀧の中でこれらの記憶のイメージが去来し、体験として深まり、定着していったのではないだろうか。体験したことが記憶として定着し、本当の意味で自分の体と繋がった体験になるには時間が必要である。

瀧は自分の描いた風景を手掛かりに、記憶の中の風景を求めて飛騨へと向かう。ちなみに、このときにも、父親がどこへ行くのかと問うたりするということもないようだ。子どもたちが成長していく過程で、このような少し危険を孕んだ体験が必要なのかもしれない。

すべては単なる夢だったのかもしれない、と疑心暗鬼にもなりながらも、「あいつの体温も鼓動も、息づかいも声も、まぶたを透かす鮮やかな赤も鼓膜に届く瑞々《みずみず》しい波長も、俺は確かに感じていたのだ」（p.113）と、入れ替わっていたときの三葉の体の感覚が瀧の中に蘇る。これは、頭での記憶ではなく、体全体を通してのフィジカルな記憶である。そして「**俺たちは入れ替わりながら、同時に特別につながっていたのだ**」（p.104）と確信する。瀧にとって「入れ替わり」のときの体験を深化させる時期、つまり「形」（即物的な意味での体）の記憶から「意味」（感覚や感情を伴った体験）の世界へ入り始めた時期であるともいえるであろう。

小説版の中に「体と記憶と感情は、分かちがたくムスビついている」（p.185）という一文があるが、これはなかなか意味深い。これらが結びついていてこそ、記憶は生きた記憶になり得るのではないか。

第7章　涙の意味

I　自分でもわからない涙

映画を見ていると、三葉と瀧が涙を流している場面が繰り返し出てくるのが印象的である。興味深いことに、彼らは、自分がなぜ涙を流しているのかがわかっていないように見えることもある。それどころか、鏡を見て初めて自分が涙を流していることに気づくような場合もある。それにもかかわらず、目からは大量の涙が溢れ出ていて、何とも不思議な印象を受ける。それぞれの涙は何を意味しているのだろうか。まず、物語の中から、二人が涙を流している場面を拾ってみたい。

場面１：映画のはじまりの彗星の落下の後、真っ暗な画面の中から三葉の語りが聞こえてくる。「朝、目が覚めるとなぜか泣いている。そういうことが、時々ある」。続いて瀧の「見ていたはずの夢は、いつも思い出せない」というモノローグが続く。朝、ベッドに腰をかけた三葉と瀧が、それぞれ人差し指で涙を拭った右手をじっと見ている。人差し指には涙の水滴がついている。二人は東京で独り暮らしをしているようで、その後二人とも仕事に向かう。瀧は就職してから、あまり日が経ってない様子だ。映画の最後のシーンで、神社の階段で遭遇する前の二人だと思われる。こんな朝が、幾度となく繰り返されていたということなのだろうか。

これは映画のオープニングで、物語の後の場面を先取りした部分なので、後にあらためて取り上げる。

場面2：（三葉の中に入った）瀧が、一葉、四葉と一緒に山道を歩いて、ご神体に口噛み酒を奉納した後の場面。ちょうど黄昏時になり、眼下に見える山里に囲まれた美しい湖の風景に瀧は思わず息を呑む。四葉の「そろそろ彗星、見えるかな？」という言葉に、瀧が空を見上げると、彗星の尾が見える。「なにかが記憶の底から出たがっている」……その瞬間、一葉が瀧を見上げて覗き込み「おや、三葉、あんた今、夢を見とるな？」と言う。

東京の自室で突然目を覚ますと、瀧は、元の瀧の体に戻っており涙を流している。「……涙？」。瀧は、涙の理由がわからず手のひらで目元をぬぐう。「さっきまでの黄昏《たそがれ》の景色も、婆ちゃんの言葉も、そうしているうちに水が砂に染みるようにして消えていく」（p.95）。この日は、三葉がアレンジをした奥寺先輩とのデートの日だが、瀧はまだそのことを知らない。

瀧は、三葉の体の中に入って口噛み酒の奉納に行く道すがら、一葉の言葉に心動かされ、山のもつ土地と自然の力も相まって「母なるもの」の温もりのようなものを感じる。この体験は、瀧の遠い記憶の中の何かを呼び覚ますものでもあったようだ。神社のご神体は「カクリヨ（隠り世）」にある。つまり彼らは此岸と彼岸の境界を越えて、彼岸に足を踏み入れたのだ。そして黄昏時。黄昏時については、古典の授業での教師の口を通して「夕方、昼でも夜でもない時間。人の輪郭がぼやけて、彼が誰か分からなくなる時間。人ならざるものに出会うかもしれない時間。魔物や死者に出くわすから『逢魔《おうま》が時』なんていう言葉もあるけれど……」（p.25）と解説されている。

黄昏時についての記述、「昼でも夜でもない時間」の「昼」を「覚醒していて意識が明瞭な時間」、「夜」を「眠りの中、意識の水準が低下して無意識に近づく時間」と、それぞれ読み替えるならば、「昼でも夜でもない時間」とは、眠りに入る入眠時のことと読むことができるであろう。その後に続く「人の輪郭がぼやけて……」は、眠りに入るときの我々の体験と重なるのではないだろうか。反対に、眠りから覚めるときには、我々はこの逆のプロセスを辿ることになる。つまり、ぼやけていた輪郭が明瞭になり、彼が誰かわからなかったのが誰なのかがわかるようになり、昼の時間（覚醒して意識が明瞭なとき）には人ならざるものには出逢わない、といった具合に。

古来より、空間的にも時間的にも、境界においてはこの世ならざるものと出逢いやすい。冬と春の境界である立春に、鬼が現れるとする節分の行事などを思い浮かべることができるであろう。入眠時――

意識と無意識の境界――に、その人の記憶の中に眠っていたものが、心の無意識の領域から呼び起こされてもそれほど不思議ではない。

口噛み酒の奉納は、宮水の血筋が何百年も続けてきた神と人間を繋ぐしきたりだという。ご神体で神と繋がる儀式を終えた後、黄昏時になり、彗星を目にしたとき、瀧（体は三葉）は何かを思い出しそうになる。三葉の体の中に入り、彼女の「人生」を体験した瀧は、おそらく感動で涙を流していたのだろう。「三葉、……あんた今、夢を見とるな」という一葉の言葉とともに唐突に目を覚ました瀧は、涙を流している。彼にはその涙の意味がわかっていない。この時点では、三葉の存在は瀧の夢の中に留まっていて、彼の意識からはまだ遠いところにあるようだ。

一葉は、少なくとも瀧（体は三葉）が、今夢を見ていることを見破っている。このときには、さすがに三葉の体に入っているのが瀧だとまでは気づかずに「三葉」と呼びかけてはいるが、後には三葉の姿の瀧に向かって「おや、あんた三葉やないな」と見破っている。しかもまったく動じることもない。やはり神主でもある彼女は、只者ではないようだ。

場面3：瀧と奥寺先輩のデートの日。三葉は「いいなあ……今頃二人は一緒かぁ」と、制服に着替えて、髪を組紐で結わえながら鏡を見ると、目から大量の涙が溢れ頬を伝って流れ落ちる。「あれ、私、何で？」と三葉。

三葉がこの後、瀧に会うために衝動的に東京に向かったことから、これは、東京で奥寺先輩とデートをしている瀧を想って流した涙ではないかと思われる。しかし、三葉は鏡を見て自分の大量の涙に戸惑っており、この時点ではまだ瀧への気持ちに気づいていないようだ。自分の感情から遠いところにいる、つまりまだ感情とうまく繋がっていないように見える。

Ⅱ　感情が繋がりはじめる

ところで、『君の名は。』には鏡を見る場面がよく出てくるという印象がある。鏡に映し出されたものを見るという行為は、自分自身の内面を見つめ内省することに繋がると思われるし、また『世界シンボル大事典』（Chevalier & Gheerbrant 1982/1996）によれば、鏡については「スペクルム（鏡）というラテン語から、〈思索〉という名詞ができた。元来、思索するとは鏡を使って天空と星の動きを観察することであった……語源的に、星全体を見る、という意味である」というのも興味深い。鏡を見つめるという行為からは、「今・ここ」の世界だけを見ているのではないということが考えられる。

三葉は東京に行き、ようやく電車の中で見つけた中学生の瀧に声を掛けるも、自分のことがわからなかったことにショックを受け、糸守に戻ると祖母に頼んで髪の毛を切ってもらう。このことからも、瀧への想いが三葉の中で意識されつつあるのが見て取れる。つまり、感情が繋がりつつあるといってもよいだろう。

場面4：瀧は、自分の描いた風景画を手にようやく糸守を探し当てる。一人でご神体に行き、口噛み酒を飲んで倒れる。そこで、瀧は、1200年ごとに彗星が割れ、その隕石が落ちて多くの人が死ぬという糸守の歴史と三葉の誕生からの人生を一瞬にして知る。一方三葉たちは、秋祭りの日、「今日が一番明るく見える彗星を見に行こう」と言っている。隕石が落下を始める。瀧：「駄目だ、三葉！」「三葉、逃げろ、逃げてくれ！　三葉、三葉、三葉！」。瀧は叫ぶが、その声は三葉には届かない。

……朝、糸守の三葉の部屋。瀧は三葉の体に入った状態で目を覚ます。三葉が生きていることを確信し、「両手で自分の腕を抱く。涙が溢《あふ》れてくる。蛇口が壊れたみたいに、三葉の目が大粒の涙をこぼし続ける。その熱さが嬉しくて、俺はますます泣く。……みつは、みつは。それは、もしかしたら永遠に出逢うことのなかったかもしれない、あらゆる可能性をくぐり抜けて今ここにある、奇跡だった」（pp.154–155, 傍線は筆者による）という瀧の語りが続く。

ご神体で一夜を明かした瀧は、そこで三葉の人生と糸守の歴史を知り、どうしても三葉に助かって欲しいと願う。朝、目を覚ますと、自分が三葉の体になっていたことで瀧は三葉が生きていることを確信し、涙を流して泣く。これはもちろん喜びと感動の涙であり、瀧の感情と繋がったものである。

ここで興味深いのは、大粒の涙を流しているのは三葉の目であり、その涙の熱さを瀧が感じ、嬉しさで泣いているのは瀧（俺）なのである。この場面からは、三葉の体と瀧の感情、そして体が繋がったということが見て取れる。

場面5：三年の時間のズレを超えて、二人は、黄昏時に、ご神体のある山上で初めて直接逢う。二人は名前を呼び合い、瀧の「三葉」という呼びかけに三葉の両目には涙が盛り上がる。「……瀧くんがおる……！」、三葉はそう言って大粒の涙を流して泣きじゃくる。

このとき、初めて二人が、時間のズレを超えて本来の自分の体で会うことができた。三葉の涙はもちろん感動と歓喜の涙である。しかし、彼らが会うことができるのは、黄昏時――昼と夜の境界、カクリヨ――死者の世界と生者の世界の境界――においてのみである。

Ⅲ　消えていく記憶

場面6：場面5のシーンの後、目が覚めてもお互いを忘れないように手のひらに名前を書いてもらおうと、瀧が三葉の手にペンを持たせたところで三葉の姿は消える。夜が来たのだ。瀧は「君の名前は、三葉」と「三葉」を連呼していたのに、言葉の輪郭がぼやけて名前が思い出せない。なぜ自分がここに来たのかさえも思い出せない。「あいつに……あいつに逢うために来た！　助けるために来た！　生きていて欲しかった！」という感情までもがなくなっていく。悲しさも愛おしさも、なぜ自分が泣いているのかさえもわからなくなる。

二人がようやく本来の姿で束の間の時間会った後、瀧の記憶が消えていく様子が描かれている。まず、具体的な三葉という名前、そして感情、三葉への想い、最後にはなぜ自分が泣いているのか、あらゆる記憶が消えていき、わからなくなる。当初はわかっていた涙の意味が、記憶が消えていくとともにわからなくなっていく、つまり繋がっていたものが、再び遠のいていく様子を見て取ることができる。瀧の失われていく記憶の描写に、高齢者の人たちの記憶を重ね合わせて見ると、私は切ない思いに駆られる。記憶が遠のいていく体験は、本人が一番辛いのではないだろうか。『君の名は。』は、記憶について細やかに描いた物語であるともいえると思う。

場面７：彗星が割れる。三葉（体も三葉）は糸守の人々を助けるべく走っている。躓いて転び、意識が途切れる。二人が直接会えたときに、瀧が自分の名前を書いてくれたはずの手を開いてみると「すきだ」とある。三葉の目には涙。涙が溢れて、視界が滲む。「涙と一緒にまるで湧き水みたいに、あたたかな波のようなものが体中に広がっていく。私は泣きながら笑って、君に言う。これじゃあ、名前、分かんないよ――」（p.228）。けれど「もうなにも怖くない。もう誰も恐れない。もう私は寂しくない。やっとわかったから。私は恋をしている。……だから私たちは、ぜったいにまた出逢う。だから生きる。私は生き抜く」(pp.228-229)。

これは三葉が、互いの気持ちを確信して涙を流す場面であり、感情と繋がった涙、本人もその意味が十分に理解できている涙である。「あたたかな波のようなものが体中に広がっていく」という記述から、特に感情と体の感覚が繋がっていくその動きのようなものが感じられる。しかし、三葉の感情の記憶は残っているのに、瀧の名前は思い出せない。

場面8:場面1と同じく「朝、目を覚まし、右手をじっと見る。人差し指に、小さな水滴がのっている。ついさっきまでの夢も、目尻を一瞬湿らせた涙も、気づけばもう乾いている」(p.247)。二人はそれぞれ職場に向かう。

大学を卒業して働き始めた瀧と、糸守を離れ、東京で働いている三葉。二人には、「あとすこしだけでいい。もうすこしだけでいい」という強い思いだけが残り、自分が何を求めているのかもよくわからない。この微かな涙は、彼らの夢の中にはかすかに記憶が残っていることを示唆しており、重要な意味をもっている。意識ではすっかり忘れている、つまり十分には意識できないけれど、微かに夢の中で繋がっているということか。電車の中から外の景色を見ながら、二人は次第に、突然「俺は出逢う」、「私は出逢う」と確信し始める。「あとすこしだけでも、一緒にいたかった。もうすこしだけでも一緒にいたい」という気持ちを思い出す。思い込みかもしれないと思いつつ、彼女の姿を探し、彼女も自分を探していると確信している。

このようなことは、我々の日常生活においてもあるように思う。我々が、何かをするとき、何かを思いつくとき、なぜなのかという合理的な説明はできずに、「何となく～」とか「思わず～」というようなことがある。このような場合、自分が意識できていないところで何かが蠢いていて、それが我々に、このように言わしめるのかもしれない。

我々は、自分が思っているよりもはるかに多くのことを忘れてしまっているのではないか。しかし反対に、体と結びついた感情や感覚については、自分が思っているよりもはるかに多くのことを覚えているのではないだろうか。「何となく気持ちがいい」とか「何となく嫌な気持ちになる」というようなときには、このような体の記憶が関係しているかもしれない。三葉と瀧の、目覚めたときに残っている微かな涙は、そのような何かがあることを暗示しているようで、物語において、重要な役割を果たしている。

場面９：最後のシーン。二人はずっと誰かを、何かを探しているという気持ちに囚われながら、東京で暮らしている。瀧は、街中で三葉を見かけたような気がすることもあった。ある日、併走する電車の窓から互いの姿を見つける。二人は停車した電車から駆け出して、街中を走る。そして神社に続く階段にたどり着く。下から階段を上る瀧と階段の上から下りる三葉とが、目を伏せたまま近づき、何も言えず、一旦すれ違って振り向く。「あの、俺、君をどこかで」、「私も」。二人とも涙を流し、泣きながら笑う。そして声を揃えて「君の、名前は」と尋ねる。

これは、やっと逢えたという嬉し涙であろう。涙を流しながら二人は笑みを浮かべる。

物語の中から、三葉と瀧が涙を流している場面を拾ってみたが、107分の物語の中で9回もあるというのはかなり多いのではないだろうか。彼らの涙は、彼らが意識できていること以上のことを語っており、涙の意味を探ることによって二人の関係（繋がり）の微妙な変化を見ることができる。頭ではすっかり忘れてしまっていても、感情や気持ちの記憶として何か大切なものが残っているということを、涙が語っているように思うのである。

Ⅳ　体は覚えている

ここで体の記憶についても言及しておきたい。小説版に、就職活動中の瀧についての次のような記述がある。

知らぬ間に身についてしまった癖がある。

たとえば、焦った時に首の後ろ側を触ること。顔を洗う時、鏡に映った自分の目を覗《のぞ》き込むこと。

急いでいる朝でも、玄関から出てひととき風景を眺めること。

それから、手のひらを意味もなく見つめること。(p.232)

これは、街中で時々「彼女」の姿を見かけた気がするも、誰かを探しているはずもないし、その「彼女」が誰なのかもわからない、という瀧のモノローグである。高校二年生の夏、飛騨地方に行ったことは何となく覚えているが、その後何があったのかは「まるで前世の記憶みたいに遠くぼやけている」(p.239)。瀧には「一人でどこかの山に登り、そこで夜を明かし、翌日一人で東京に戻った」(p.239) という記憶しか残っていない。彗星をめぐって起こった一連の出来事への「熱病めいた興味」が何だったのかも思い出せない。

しかし、上記の、瀧が「身についた癖」と称するものは彼の体の記憶である。彼が忘れてしまったと思っているものも、体は覚えていて癖となって残っているのである。第5章で「身」について触れたが、この「身についた癖」というのも、実に含蓄のある表現ではないだろうか。体が覚えているというよりも「身」が覚えているといったほうがよいかもしれない。たとえば「〜の習慣を身につけましょう」などといったりもするが、あらためて考えてみると面白いのではないだろうか。

上記の瀧のモノローグに、「顔を洗う時、鏡に映った自分の目を覗《のぞ》き込むこと」とあるが、これは、現実的には、今、自分が涙を流していないかを確かめているのであろうか。また、上記の「鏡」という言葉の語源として、鏡と天空の動き、星全体を見ることとの関連について示したが、『君の名は。』では宇宙に開かれた物語であることを考えるならば、鏡に映った目を覗き込むという行為は非常に意味深いものに思われる。さらに、目を通して我々は外界を見るが、鏡に映った目を通して我々は、それぞれ自分の心の中の宇宙を見ているともいえるのではないだろうか。

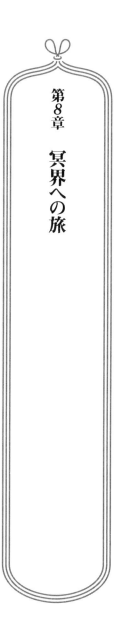

第8章　冥界への旅

I　三葉は亡くなっていた

ある日突然、三葉との入れ替わりが起こらなくなり、三葉の身を案じた瀧は、三葉の体に入っているときに見た風景のスケッチを手に飛騨に向かう。奥寺先輩と友人の司も、瀧が知り合いに会いに行くらしいということで、好奇心から半ば無理やりついてくる。瀧の「記憶にある風景」(p.115)とスケッチだけを頼りに、三葉の町を探し出すのはなかなか難しく難航するが、諦めかけたとき、たまたま入ったラーメン店の主人が糸守出身で、瀧のスケッチを見てこれは昔の糸守だと教えてくれる。糸守は、三年前に彗星の片割れが隕石となって落ち、何百人もの住人が亡くなった町だった。三葉の体に入って糸守で過ごしたときの瀧の記憶は、廃墟と化した町並みを実際に見てからむしろ鮮明になるが、『糸守町彗星災害　犠牲者名簿目録類』の中に、宮水一葉、宮水三葉、宮水四葉、3人の名前を見つける。三葉は三年前に亡くなっていたのだ。

瀧は、入れ替わっていたときに書いていた、スマートフォンの三葉の日記を開いて見ようとするが、文字が次々化けていき三葉の文章はすっかり消えてしまう。意味をもっていた文字が化け始め、意味をもたぬものとなり消えていく様は、三葉という存在自体が消えてなくなることを連想させて、底しれぬ恐怖を感じさせる。

文字が消えるという点では、これは、糸守や宮水神社の伝統の記録が記された古文書が焼失したことと重なる現象だとも考えられる。『君の名は。』においては、瀧も宮水家も、それぞれ失われた「文字」の「意味」を取り戻していくことになり、これが物語のテーマの一つとして重要な軸をなしている。

しかし、糸守でも神社でも、儀式や組紐などの伝統の形をそのまま伝承しているだけで、積極的にその意味を探ろうとした者はいなかった。ただ一葉は、「いつか必ずまたよみがえる」という信念をもって孫娘たちに伝統の技を継承していたし、宮水家の女性たちには、代々夢の体験を通して、イメージのレベルで伝えられてきている何かがあるようだ。彼女たちは、目に見えぬ何かで繋がっているといってもよいかもしれない。

それに対して瀧は、三葉がすでに亡くなっていることが判明しても、三葉への想いから決して諦めず能動的になる。そしてそのことが、結果的に、神社の伝統の意味の解明にもつながる。

全部ただの夢だったのか、糸守の景色に見覚えがあったのは三年前のニュースを見て無意識に覚えていただけなのか、と気持ちが揺れながらも記憶を辿ろうとしているうちに、瀧は自分の手首に巻いた組紐に気づく。「紐は、時間の流れそのものだって。捻《ねじ》れたり絡まったり、戻ったりつながったり。それが時間なんだって。**それが……**」(p.134)。誰かの声でこの言葉を聞いた。それは、誰の声だったのか。ご神体に口噛み酒の奉納に行った時の、秋の山‐視覚、沢の音‐聴覚、水の匂い‐嗅覚、甘い麦茶の味‐味覚といった感覚の記憶が呼び覚まされ、瀧は上記の言葉の続きが「**それが、ムスビ**」(p.134)だったことを思い出す。そして一気に風景の記憶、ご神体、奉納したお酒……と記憶が蘇り、瀧は、口噛み酒を奉納したあの場所――ご神体へ行ってみようと決心する。

(夢の中で)瀧は、「たきくん、瀧くん」、「覚えて、ない?」と誰かに名前を呼ばれる。三年前、瀧は、まだ中学生だった頃、電車の中で糸守から瀧に会いにやってきた三葉に声を掛けられたのだった。そのときはまだ、瀧は三葉のことを知らずに「変な女」と思っただけだったのだが、三葉から組紐を受け取り、それを自分の手首に巻きつけていたのだ。これは、電車の中で三葉に名前を呼ばれた記憶が夢の中で蘇ったと理解できると同時に、すでに亡くなっている三葉が、死者の世界から瀧に呼びかけていると読むこともできるのではないだろうか。死者と生者を分ける境界は、時に、我々が思っているよりも遥かに薄くなり得るものだ。

『君の名は。』は、最終的には二人が出逢い、彼らの「生」がこれからも続いていく物語である。新海（2017）は、インタビューで、東日本大震災で自身の「心の在り方」が変わり、この作品は、その影響を受けて生まれた作品だったことを明らかにしている。そして「『君の名は。』という物語で一番重要なのは、エンディング以前のところまで。瀧は三葉を救うことができた。『もし私があなただったら』と考える過程を経て、『私はあなたを救った』という場所まで辿り着けた。そこで、災害をめぐる物語としては完結しています」と述べている。「観客を『幸せな気持ちにしたい』という思いは、単純にありました」（新海 2017）という新海の意図からすればそうかもしれない。「とにかく楽しんでほしい」（新海 2017）ということを目標にするエンターテインメントとしては、そのとおりであろう。

しかし、実際には、災害によって亡くなり、二度と此岸に戻ってこられない人たちもたくさんいる。この世界は生者たちによってのみ成り立っているわけではない、と思う。死者たちが、生き残った者たちを支えてくれることもあるのではないか。17歳で亡くなった三葉に想いを馳せて、『君の名は。』には描かれていない部分について少し触れておきたい。

Ⅱ 「亡き人との再会」の語り

東日本大震災の後、犠牲者の家族たちが亡くなった人たちの声を聞いたとか、亡くなった人たちの姿を見た、といったような不思議な体験の話を聞くことがある（東北学院大学震災の記録プロジェクト・金菱 2016，宇田川 2016，奥野 2017 等）。私自身も、震災発生一年後に石巻を訪れたとき、そのような話を耳にした。一時に、あれ程多くの命が奪われたのだ。あの日、あの朝、まさか自分がその日亡くなるなどとは夢にも思わず、多くの人は普段どおりの生活をしていて一瞬のうちに亡くなられたことを思うと、無念だとか、悲しみだとか、後悔だとかいった、収まり切らない気持ちが無になるとはとても思えないし、ただの「被災地の幽霊譚」、あるいはただの「非科学的な話」ということで一括りにされたり、片づけられたりしてよいものとは決して思えない。

ノンフィクション作家奥野修司著の『魂でもいいから、そばにいて――3・11後の霊体験を聞く』（2017）は、震災で家族を喪った人たちから丹念に、丁寧に聞き取りを行い、「亡き人との再会」の語りの記録をまとめたものである。私は、心理療法家として、それがどれほど心身のエネルギーを必要とする作業であったのかが十分に想像できる。

そのような大変な聞き取りをしようと奥野に決心させたのは、在宅緩和医療のパイオニアとして2000人以上を看取った岡部医院の岡部健《たけし》医師から聞いた話だった。岡部氏自身胃がんを患っておられ、余命10ヶ月の宣告からすでに10ヶ月が経っていた。

その話というのは、近所の人から「あんたとこのおじいちゃんの霊が大街道（国道三百九十八号線）の十字路で出たそうよ」と聞いて、自分もおじいちゃんに逢いたいと毎晩その十字路に立っているという、石巻のおばあさんの話だった。奥野（2017）は、「これまで霊を見て怖がっているとばかり思っていたのに、家族や恋人といった大切な人の霊は怖いどころか、それと逢えることを望んでいる。この人たちにとって此岸《しがん》と彼岸にはたいして差がないのだ。たとえ死者であっても、大切な人と再会できて怖いと思う人はいない。むしろ、深い悲しみの中で体験する亡き人との再会は、遺《のこ》された人に安らぎや希望、そして喜びを与えてくれるのだろう」（p.14）と述べている。

私は、奥野の収集した語りを元に、生と死の間の境界での不思議な体験の意味について考察を試みた（Yama, 2019）。それは、信じるとか、信じないとかの問題ではないと思うのである。

ここで、上記の奥野の著書（『魂でもいいから、そばにいて——3・11後の霊体験を聞く』）の中から、亀井繁さん（44歳）の体験を紹介したい。

亀井さんは、自宅にいた妻と1歳10ヶ月の次女を亡くされ、災害時学校にいた小4の長女と亀井さんは助かった。亀井さんの職場は、高台にある高齢者施設だったので安全だった。自宅はすぐ近くなのになぜ助けにいかなかったのか、という罪悪感と後悔が募るばかりだったという。

「二週間後妻と娘さんの遺体が見つかった。「二週間もあの冷たい中に晒《さら》されていたのかと思うと、しばらく風呂には入れませんでした。自分だけ温かいお風呂につかるなんて、妻や娘に、ほんとに申し訳ないと思ったのです」（p.23，本章以下「　」内は亀井さんの言葉）。亀井さんの家の仏壇の前には骨壺が並んでいた。遺骨を納骨できない、したくないのだ。「納骨しないと成仏《じょうぶつ》しないと言われますが、成仏してどっかに行っちゃうんだったら、成仏しない方がいい。そばにいて、いつも出て来てほしいんです」

（p.24）。

　あまりにも多くの人が亡くなられたため、当時、地元では火葬するところがなかった。「二人の大切な体を燃やすなんて……」と悩んだが、遺体の傷みがひどくなり、他県で火葬した日の夜、「どう説明すればいいか……、火葬を終えたあと、友人の家に泊まったのですが、夜中に目が醒《さ》めると目の前に二人がいたんです。マスクをしてしゃがんだ妻に寄り添うようにしながら、娘が僕に手を振っていました」（p.25）。テレビ放送が終わった後の砂嵐のような映像で二人の輪郭しか見えないが、二人が会いに来てくれたんだ、と手を伸ばしたら目が覚めたという。この時点ではばはっきり夢だと思ったが、目が覚めて、友達の家に泊まっていることを確認して、もう一度目を閉じてもその映像が見えたという。

　そして翌年の一周忌にも同じような映像を見る。亀井さんは、不思議な出来事の体験をノートに書き留め、見た映像をスケッチで描いておられたようだ。言葉にすること、書くことは、少し距離をとって自分の主観的な体験を客観的に見つめる作業でもある。

　2011年3月28日のノートには、「夢から覚めても、目を閉じると、同じ二人の姿が見える。夢ではないと！　これは魂《たましい》だ。『おいで、おいで……』。泣きながら手を伸ばすが、遠くで手を振るだけ。苦しい……苦しいよ。二度と抱きしめられないのか！」（p.26）とある。

　「私にとって何が希望かといえば、自分が死んだときに妻や娘に逢えるということだけです。それには魂があってほしい。暗闇の向こうに光があるとすれば、魂があってこそ逢えると思うのです。それがなかったら、何を目標に生きていけばいいのですか」（pp.26–27）。

火葬の翌日「思い出の品がすべて流され、携帯の中の写真以外何もなく、今までの人生は何だったんだろう、生きた証《あかし》がなくなってしまったと落ち込んでいたとき……」(p.28)、家から2キロ近くも流されたのに、娘さんの持ち物(ぬいぐるみ、お絵描きボードなど)、ビデオテープ、写真、SDカードが入ったデジカメ、結婚の誓約書などが見つかる。さらに、そこの土を掘ったら泥の中から小さなケースに入った婚約指輪が出てきた。「偶然と言われるかもしれないけど、娘の持ち物がすべて見つかったんです。やはり魂の存在を信じるしかありません」(p.28)。

「あの頃は、私自身もいつ死ぬかわからないと思ったので、自分が生きている間に妻と娘の生きた証を作ろうと、仕事を一ヵ月休んで、見つかった写真を思い出の順に整理し、無我夢中でアルバムを完成させました」(p.28)。その晩暗闇の中からぼんやりと妻の輪郭が見え始め『戻りたい』と妻は言い、『私がいないとつまんない?』と(妻が)尋ねた。2014年3月11日、ペアで買ったダイバーウォッチが見つかる。「生き残った娘のためにもしっかり生きなければいけないのに、生きているのが嫌になった、死にたいと思ったときによく不思議な体験をします」(p.29)。

2016年の正月明け、夢の中に妻がはっきりとした像で出てきて、『いまは何もしてあげられないよ』と言う。そう言われたとき、あの世からそんな簡単に手助けはできないんだろうなと、夢の中で思っていたという。すると妻は『でも、信頼している』……『急がないから』……『待っている』と言った。「『本当に?』……じゃあね、約束だよという感じで妻と指切りをしたんです……何よりも『信頼している』と言われたのがすごく嬉しいんです。とくに『待っている』というのは、私にとっては究極の希望です。みなさんの言う希望は、この世の希望ですよね。私の希望は、自分が死んだときに最愛の妻と娘に逢えることなんです」（p.33）と亀井さんは言っておられる。

亀井さんは、節目節目に起こった不思議な体験をひとつひとつ丁寧に書き留め、大切にして来られた。すでに述べたように、これは「信じる」か「信じない」という問題ではなく、そのような二分法の発想を超えた話だと、私は思う。

亀井さんが「究極の希望」と言われるものが、すでに亡くなられてはいるが、亀井さんがずっと愛し続けている妻との関係の中から5年近くもかけて生じてきたこと、つまり、それが人から与えられた希望や救済ではなく、亀井さんの内から生じてきたものであることに心を揺さぶられるのである。

心理療法が深まるにつれて、必ずといってよいほど、死や宗教的なテーマが問題となってくるのを体験してきた。それは、必ずしも既存の宗教や誰かの具体的な死のことを表すわけではない。ここでもう一度繰り返すが、この世は生者によってのみ成り立っているのではない。死者もずっとそこに存在し続けているのだ。我々が、生きている者がすべてだと思い込んで生きている日常の中、何かのきっかけで死や死者への想いに気づくとき、自分の世界観が変わるのではないだろうか。

大きく横道に逸れたと思われるかもしれないが、『君の名は。』という物語の中心に自然災害があるのならば、その災害がもたらし得る、元に戻すことのできない「死」についても、ここで触れておきたいと感じた次第である。

Ⅲ 「カクリヨ（隠り世）」へ

三葉はすでに亡くなっていた。しかし、もし、「**よりあつまって形を作り、捻れて絡まって、時には戻って、途切れ、またつながり。それが組紐。それが時間。それが、ムスビ**」（p.88）という一葉の言葉どおりに、時間も、組紐と同様、戻るということがあるのなら、三葉を救うことができるかもしれない。時間を戻すというのではない。時間が戻るということが重要なのではないか。主体は人間ではない。人間にはそんな力はない。我々は頭を垂れて、何か「大いなる力」に身を委ね、時間が、自発的に戻るかもしれないのを待つだけではないか。瀧にできるのは、三葉を死者の世界から連れ戻したいという強い想いをもち続け、自分にできることを信じてやってみることだけのようだ。

翌日、瀧は土砂降りの雨の中、一人でご神体を目指す。外輪山の山頂に着くと、あの日に見たカルデラ状の窪地にご神体の巨木と岩が見える。夢ではなかったのだ。以前、一葉たちと来たときには小さな小川だったのが増水して幅広い川になっている。これは、彼岸と此岸を分ける川だ。瀧は「ここから先はあの世」と呟き、胸元まで水に浸かって歩いて川を渡り、ご神体に向かう。瀧の覚悟の程が窺える。

以前一葉は、彼岸から此岸に戻るにはあんたたち（三葉と四葉）の一番大切なもの――口噛み酒――を引き換えにしないといけない、と言った。そしてそれは二人の半分であるとも。瀧は、引き換えにするものを持っていないので、彼岸からこちらの世界に戻ってこられないということになる。まさに、瀧の命を賭けた行為である。

ギリシア神話に登場する歌人オルペウス（オルフェウス）は、毒蛇に噛まれて亡くなった妻エウリュディケーを取り戻すために冥界に行った。また、日本の神話『古事記』では、イザナミは火の神を産んで自分の体が焼けて亡くなるが、夫であるイザナギは妻イザナミを連れ戻すために黄泉の国へ行く。このように男性（夫）が、喪った女性（妻）を連れ帰るために死の世界に行くというテーマは、東西の神話に見られる。

現代の例として、２００１年に公開された宮崎駿監督のアニメーション映画『千と千尋の神隠し』を挙げることができるだろう。この作品は、２０２０年に『劇場版「鬼滅の刃」無限列車編』が記録を更新するまで20年近く、日本歴代興行収入第一位の座を保ち続け、日本だけではなく海外での人気も非常に高い。２０２２年には舞台化もされた。

【千と千尋の神隠し】

10歳の少女千尋が、両親と引っ越しの途中でトンネルの向こうの不思議な世界に迷い込む。そこは神々の住む世界で、人間が足を踏み入れてはいけないところだった。両親は神々の食べ物を食べたため豚にされて千尋が途方に暮れているのを、ハクという少年が助けてくれる。千尋は八百万の神々が日本中から集う湯屋で働くことになるが、そこは、相手の名前を奪って支配する湯婆婆という恐ろしい魔女が経営している。ハクも湯婆婆に名前を奪われ、自分が何者なのかわからないが、なぜか千尋のことは知っているという。千尋の方はハクのことを知らない。千尋は湯婆婆に名前を奪われ、千という名前になる。ハクは湯婆婆の命令で、湯婆婆と対立している彼女の双子の姉、銭婆から魔女の契約印を盗む。強力な魔力をもつ銭婆はハクに深傷を負わせる。千（千尋）はハクを救うために、片道切符だけを持って海原電鉄に乗り、沼の底に住む銭婆の家を訪れる。ようやくハクは許され、千尋は、迎えに来たハク（＝白龍）の背中に乗って湯屋に戻ることができる。ハクの背中に乗りながら、千（千尋）は、自分が幼い頃、川で溺れそうになったとき、その川の神様だったハクに助けられたことを思い出す。最終的には両親も人間の姿に戻ることができ、千尋一家はトンネルを抜けて元の世界に帰ることができた。

この物語の中には、具体的に、冥界とか、死の世界といった言葉は出てこないが、まず、千尋が海原電鉄の列車に乗り込むときに持っていたのが「片道切符」ということから、行って戻ってこられないことが暗示されており、行き先が黄泉の国であることを思わせる。また「沼の底」といえば地下の世界が思い浮かぶし、映画の中の列車に乗っている人たちは、皆黒い影の姿をしており、死者を思わせることから、千尋はハクを助けるために冥界に行ったと捉えることができるのではないかと思われる。最終的に、千尋は、ハクだけではなく、両親をはじめ自分自身を含め多くの人々を救うことになる。

もちろん、冥界に行くのは、『君の名は。』では男の子の瀧であり、『千と千尋の神隠し』では女の子の千尋だという違いはあるが、いずれも物語の世界がこの世に留まっておらず、そこに死の世界をも含んだ世界観が描かれているというのが特徴的である。すでに述べたように、我々は、心の深層を覗くと、そこは死者の世界へと開かれていることに気づく。そういう意味では『千と千尋の神隠し』にしろ『君の名は。』にしろ、何か人間の心の真実を描いているように思うのである。

蛇足ながら付け加えておくと、川の神ハクの本名はニギハヤミコハクヌシであり、その真の姿は白龍である。一方、瀧の名前は、水や川と関わりのある「氵」（サンズイ）に「龍」で「タキ」である。瀧はもちろん人間ではあるが、「水」と「龍」の組み合わせは、水の神である「龍神」を連想させる。

Ⅳ　ご神体

瀧は、隠り世のご神体に辿り着く。そこには、巨木が大きな岩に根を絡ませているとあり、「樹がご神体なのか、岩がご神体なのか、それとも両者が絡まったこの姿が信仰の対象なのか、俺にはよく分からない」（p.142）という瀧の語りが続く。植物である「樹木の根」と「岩」との組み合わせは、「変わるもの、成長するもの、しかしいつか死に至るものの根源にあるもの」と「ずっと変わらないもの、存在し続けるもの」の組み合わせである。そのように考えると、樹がご神体であるとか、岩がご神体であるというより、おそらく瀧も推察しているように、根と岩が絡まった状態、その姿に意味があるのではないかと思われる。さらに、両者の隙間から階段を降りていくという体験そのものが重要なのではないだろうか。

瀧が、その小さな階段を降りると、4畳ほどの真っ暗な空間がある。スマートフォンのライトで照らすと、小さな社があり、そこには確かに、瀧が一葉と四葉と一緒に奉納した、口噛み酒の瓶子《へいし》が二つ並んで置かれていた。

第9章　境界で体験したこと

Ⅰ　瀧、「三葉の半分」を飲む

ご神体の小さな社の前の祭壇には、瀧（体は三葉）が、一葉、四葉と一緒に奉納した口噛み酒の瓶子がある。陶器はすっかり苔で覆われており、長い時間が経ったことを物語っている。映画では瀧のモノローグが続く。

「彗星が落ちる前、三年前のあいつと、俺は入れ替わってたってことか？」

「時間がずれていた？　……あいつの、半分……」

瀧は、瓶子の組紐を解きコルク栓を抜いて蓋に酒を注ぐ。

「ムスビ。本当に時間が戻るのなら。もう一度だけ……」

と言いながら、三葉の口噛み酒を一気に飲み干す。

瀧は、この時点で三葉との入れ替わりが突然途絶えたのは三葉が亡くなったから、ということを悟ったようだ。この点について、小説版には「入れ替わりが途切れたのは、三年前に隕石が落ちて、あいつが死んだから？」（pp.143-144）という瀧のモノローグがあるのに対して、映画にはない。映画では、瀧の口から三葉の死を明言することはせず、隕石落下とその関連を仄めかすのに留めておくという描き方がなされている。

瀧は、「あいつの半分」と言いながらスマートフォンのライトを近づけて、蓋の中の透明な口噛み酒を見る。一葉の「**水でも、米でも、酒でも、なにかを体に入れる行いもまた、ムスビと言う。体に入ったもんは、魂とムスビつくで**」（p.89）という言葉を思い起こすと、瀧は、三葉と自分の魂が結びつくことを願い、その覚悟をもって「三葉の半分」（＝口噛み酒）を飲むことを決心したようだ。その人の魂と結びつくということは、象徴的には体と心を超えてその人と結合することを意味していると思われる。

もう一点、映画では、瀧は「ムスビ。本当に時間が戻るのなら。もう一度だけ……」と言っただけで酒を飲み干すが、小説版では「ムスビ」の次に「捻れて絡まって、時には戻って、またつながって」という瀧の言葉があって、その後「……本当に時間が戻るのなら。もう一度だけ――」（p.144）と続く。第8章でも述べたように、一葉の「**よりあつまって形を作り、捻れて絡まって、時には戻って、途切れ、**

またつながり。それが組紐。それが時間。それが、ムスビ」（p.88）という言葉から、時間も、組紐と同様、戻り得るということが示唆されている。瀧はそれを知った上で、三葉を助けるために時間が戻ることを願いながら、口噛み酒を飲んだのであろう。

飲酒によって、我々の意識の水準は、眠っているときと同様低下する。特に口噛み酒は、豊穣祭での神事の一環として、その秋に収穫した米を巫女の唾液で発酵させて作る特別な酒であり、それをご神体に奉納するのは、「宮水の血筋が何百年も続けてきた、神さまと人間を繋ぐための大切なしきたり」（p.89）だという一葉の言葉から、人間と神との間に繋がりを築き、通路を開き得るものであると理解ができる。ご神体とは、神が降臨して神霊が宿る神聖な場所や物である。神社のご神体にいる瀧は、神の世界と人間の世界の境界にいるとも、また生者の世界と死者の世界の境界にいるとも捉えることができる。さらに、口噛み酒を飲むことで意識の水準が低下していることから、瀧は、意識から無意識へと境界を超えた状態にいるとも理解できる。

境界について、空間的な境界に関して、民俗学者の赤坂憲雄（1989/2002）は「境界的な場所、たとえば辻や橋のたもとは、かつて妖怪《ようかい》や怨霊《おんりょう》たちが跳梁《ちょうりょう》する魔性の空間と信じられていた」と述べており、また時間的な境界に関しては、第1章ですでに述べたように、昼と夜の境界であるカタワレ時（＝黄昏時）は、「人ならざるものに出会うかもしれない時間。魔物や死者に出くわすから『逢魔《おうま》が時』なんていう言葉もある……」（p.25）と古典の教師の口を通して説明がなされている。空間にしろ、時間にしろ、何かと何かの間の不確かな時や場所は、「異界」への通路が開きやすいといえるであろう。ちなみに、ここでいう「異界」とは、特定の「異界」というところが存在するというのではなく、あくまでも関係概念である。日常的なものに対する非日常的なもの、人々に知覚可能な表層の世界に対してその背後に広がる深層の世界、此岸に対しての彼岸、意識に対しての無意識、これらすべてを含んだ関係概念としての「異界」である。こうして、神と人間、生と死、意識と無意識、の境界にいる瀧は、不思議な体験をする。

また、ここでの神とはムスビの神であろう。一葉がこの神のことを、「土地の氏神《うじがみ》さまのことをな、古い言葉で産霊《むすび》って呼ぶんやさ」（p.87）と説明している。

日本神話に登場する神の中で、７１２年に編纂された『古事記』には、天地開闢《かいびゃく》の時、高天原にお成りになる最初の神「天之御中主神（アメノミナカヌシノカミ）」の次に、「高御産巣日神（タカミムスヒ（ビ）ノカミ）」と「神産巣日神（カミムスヒ（ビ）ノカミ）」がお成りになる。ちなみに、神がお成りになるというのは日本の神々に独特である。私はかつてこの点に注目して日本人の心について論じたことがある（Yama 2013）。これら二柱の神は、７２０年に編纂された『日本書紀』では「高皇産霊尊（タカミムスヒ（ビ）ノミコト）」と「神皇産霊尊（カミムスヒ（ビ）ノミコト）」として登場する。

西郷信綱（1975/2005）によれば「ムス」は「ムスコ、ムスメ、草ムス、苔ムスなどのムスで、ものの成り出づること、つまり生成の意」とあり、「ヒ」は「超自然の霊力」を意味するという。「産霊」の神について、さらに詳述するには神道の歴史にまで言及する必要があるだろうが、私は専門ではないので、ここでは、民俗学者折口信夫が、「産霊《むすび》」の神を「この世界の内に現れ出でるありとあらゆるものに霊魂を付与する神」（安藤 2010）としたと述べるに留めておく。

Ⅱ　大きな記憶の物語

瀧は、足がもつれて転び、視界が回転する。そして、天井の岩に描かれた色とりどりの巨大な彗星の絵が目に入る。赤や緑の長い尾を引く彗星が、瀧に向かって落ちてきて瀧の体にぶつかると同時に、仰向けに倒れた瀧の頭が石に打ちつけられる。

どこまでも落ちていく。
あるいは、昇っていく。
そんな判然としない浮遊感の中、夜空には彗星が輝いている。（p.148）

これは、どこか瀧の臨死体験をも思わせる描写である。映画では、おそらく瀧が意識を失っている間に見たのであろう、悠久の時間の流れをも思わせる、どんどん伸びていく赤い組紐が、瀧の手首に巻かれた組紐とつながっている。落下して次々と割れる彗星、赤や青、黄色や緑、ピンクや紫の天体の美しい映像が繰り広げられ、その中の一つが山間の集落に落ちていき、それが三葉の命の誕生へとつながる。小説では、下記のような、彗星の落下にまつわる山間の集落（＝糸守）の歴史が語られているが、この部分は映画にはない。幻想的な天体のヴィジョンの映像によって、それを表現しようということなのだろうか。

> 彗星はふいに割れ、片割れが落ちてくる。
> その隕石は、山間《やまあい》の集落に落ちる。人がたくさん死ぬ。湖が出来、集落は滅びる。
> 時が経ち、湖の周囲にはやがてまた集落が出来る。湖は魚をもたらし、隕鉄《いんてつ》は富をもたらす。集落は栄える。それから永い時が経ち、また彗星がやってくる。ふたたび星が落ち、再び人が死ぬ。
> この列島に人が棲《す》みついてから二度、それは繰り返された。（p.148）

小説版では、これに引き続き、この出来事を人々の記憶に留めるため、宮水神社の豊穣祭での儀式としての巫女舞に、彗星を龍として、また彗星を紐として、割れる彗星を舞の仕草に表した、と「形」（巫女舞）に刻まれた意味が解き明かされている。

次に、三葉の命の誕生の物語が始まる。卵子と精子が出逢い、受精した胚は一から二、二から四へと細胞分裂を繰り返す。三葉の誕生。臍の緒が切られる。小説版には「**最初は二人で一つだったのに、つながっていたのに、人はこうやって、糸から切り離されて現世に落ちる**」（p.149）とあり、これは、天空から、割れて地上に落ちる彗星のイメージとも重なる。我々も、このようにしてこの地上に生を受けたのだ、という気持ちになる。また、時間の流れを思わせる、長く蛇行しながら伸びていく組紐から三葉の命が生まれたようにも見え、我々の誕生から死までの人生が、悠久の時間の流れの中の束の間の出来事として編み込まれているようにも見える。

『君の名は。』は、時間的にも空間的にも広がりのある世界観をもった物語である。普段、我々の多くは、日々「今・ここ」に心を奪われて生きている。もちろん、実際我々は、自分に与えられた束の間の時間を精一杯生きるしかないし、自分が存在できる空間というのもある程度限られている。しかし、いや、あるいはそうであるからこそ、自分が、遥かな時間の流れの中にいるのだという実感をもつことができるということは、時として大きな意味をもつとも考えられる。誰かからそう言われて、というのではなく自分自身の内からしみじみとそのように感じられるとき、何かがその人の中で変わったといえるだろうし、反対に何かが変わったからこそ、そのように感じられるともいえるであろう。

悠久の時間を感じるとき

ここで、心理療法での体験について述べてみたい。もちろん具体的なことに関しては記述することはできないので、修正を加えて、心の真実についてのみ伝えることにする。

20代の女性Bさん。経済的にも精神的にも不安定な家庭に育ち、結婚によって「社会的地位を上げる」ということを第一目標にして、そのためにあらゆる努力を惜しまずに生きてこられていた。恵まれている（とBさんが思う）人に対してはあらゆる場面で怒りが込み上げ、自分の境遇や容姿に対してもずっと不満と怒りをもっておられた。Bさんは、本来いろいろな意味で能力が高いのに、いつも目先の損得、有利不利ばかりに目が行き、どうしようもない怒りと行動化に本人が翻弄されているといったような印象だった。長期にわたる面接だったため、紆余曲折があったが結婚に至られた。しかしそれは、（Bさんが）望んでいたような条件の相手ではない、もっといい人を見つけたい、と、ずっと不満を口にされていた。私はどうなるのだろうかと心配しながらも、じっとBさんの話を聞いていた。

いつもイライラしていたBさんに沈黙が少しずつ増え、Bさんは自分の内面を見つめているような様子になり、あるとき「私は今X歳。10年経ったらX＋10歳。夫とは少々喧嘩しても別れることはないと思うから、あとは子どもができるかどうかということくらい……」と言われた。Bさんが、今の延長として10年先の自分を想像されたのは初めてだった。時間を刹那的なものとして体験するのではなく、自分が存在しているこの瞬間が未来永劫へとつながっていると感じられるということは、深い安らぎをもたらしてくれるのではないだろうか。あるいは反対に、安らぎを感じるからこそ、穏やかに未来に目を向けることができるのだ、ともいえるであろう。だからこそ子どもを産みたいということがBさんの視野に入ってきたのであろう。それまでのBさんはずっと、「自分のような不幸な子どもをもう一人作り出したくない」と子どもをもつことに関してはまったく否定的だった。

自分の命がつながっていくことを願い、それを愛でることができるのは、それまでの「今・ここ」の視点だけではなく、一年先、数年先、10年先の自分や家族を想像し、悠久の時間の連鎖の中の一つとして自分がいることを実感できたからではないだろうか。Bさんは「男の子でも女の子でも、（自分の）子どもは可愛い。彼に似ている男の子は可愛いし、私に似ている女の子はやはり可愛い」と言われた。自分の容姿を恨み続けたBさんが自分自身のことを受け入れられたように思われた。そして、Bさんの表情が随分穏やかになったと感じた。

Ⅲ　三葉の人生――小さな記憶の物語

瀧が見たのは、三葉の人生。両親と三葉。父は、妻と娘に「二人は、父さんの宝物だ」と言う。そこに妹の四葉が生まれる。そんな幸せな家族に、母の病が襲う。母の死。父と祖母の諍いが増え、「僕が愛したのは二葉です。宮水神社じゃない」と父は家を出、一葉、三葉、四葉の女三人の生活が始まる。小説版には「それなりに穏やかな日々。それでも、父に捨てられた、という感情は三葉の中に消えない染みとなる」（p.150）とある。映画を見ていると、町長になった父との間には、三葉が高校生になった今も、ずっとわだかまりがあるのが伝わってくる。

ご神体で、ティアマト彗星が二つに割れて、隕石が糸守に落下するということを知った瀧（体は三葉）は、「私は町長に会いに行く。娘の私からちゃんと話せばきっと説得できる」と勇んで町長室に向かい、町民を避難させるよう説得を試みる。この場面の父親と三葉の会話を、映画の中から拾ってみたい。

父親：「なにを言ってるんだ？　お前は？」。
三葉：「だからっ！　夜までに町全体を避難させないとみんなが……」。
父親：「すこし黙れ！　……彗星が二つに割れてこの町に落ちる？　五百人以上が死ぬかもしれないだと？　よくもそんな戯《ざ》れ言を俺の前で！」
父親：「本気で言っているなら、お前は病気だ」

そして父は、「妄言は宮水の血筋か」と呟き、「車を出してやるから、市内の病院で診てもらえ」と言いながら受話器を取って電話をかけ、「その後でなら、もう一度話を聞いてやる」と瀧（体は三葉）に言い渡した。

このやりとりの後、小説には次のような記述がある。「その言葉が、俺の体を不快に揺さぶる。こいつは、俺を、自分の娘を、本気で病人扱いしている。そう判ったとたん全身が凍ったように冷たくなって、頭の芯だけが発火したみたいに熱くなった。怒りだった」（p.173）。瀧（体は三葉）は「バカにしやがって！」と父のネクタイをつかんでねじりあげ、激しい怒りを示す。父は震えながら「三葉、……お前は、誰だ?」と困惑する。

自分を病気扱いして、という瀧(三葉)の怒りは、三葉の人生の記憶を体験した瀧の、父に対する怒りでもある。父親の「妄言は宮水の血筋か」という発言からは、妻である二葉が亡くなってからの、宮水神社の神職を担う宮水家そのものに対する嫌悪と蔑みのようなものさえ感じられる。伝統的な神事に携わることを強いられていると感じて、このような言葉になったのであろうか。

おそらく三葉自身は、これまで父親に対してこのように直截に自分の感情を表現したことはなかったであろうし、ましてやこのような暴力的な行為に出たことはなかったであろう。さすがに、父親は、これは三葉ではない、と気づいたようだ。ここでは三葉と瀧の二人が魂のレベルで結びつき、三葉の体を動かしてこのような行動になったと考えられる。


これは、物語の中の三葉と瀧のことのように思われるかもしれないが、実際我々にもこのようなことは起こり得る。たとえば、なぜだかよくわからないけれどすごく腹が立って怒ってしまったり、まさか自分がこんなことを言うとは思わなかった、というようなことを言ってしまったり、自分にこんなことができるとは思ってもみなかったというようなことができてしまったり、といったようなことはないだろうか。それはまるで、自分の中に潜んでいた他者(=もう一人の自分)が突然頭をもたげて、表に出てきたような体験である。このような視点から、自分の言動を振り返ってみるのも興味深い。

少し横道に逸れた。さて、一方、瀧のこれまでの人生に関しては情報がほとんどないが、彼に兄弟姉妹はいないようだ。そしてすでに述べたが、母親もいない、あるいは少なくとも同居はしていない。しかも瀧が中学生の時点で、割と最近いなくなったようで、東京都心のマンションで父親と二人暮らしであることはわかっている。

『君の名は。』は、音楽と物語が一体になって一つの作品となっているともいえるため、RADWIMPSによる映画の主題歌『なんでもないや』の歌詞に「**いつもは尖ってた父の言葉が今日は暖かく感じました。優しさも笑顔も夢の語り方も知らなくて全部君を真似たよ**」とあることから、瀧と父親の関係は特に悪くはないにせよ、温かい情感あふれる父‐息子関係でもなさそうだということが推察できる。瀧も三葉も共に、理由は異なるにせよ、ずっと両親の愛情を一身に受けながら、守られて育ってきたという境遇ではなさそうである。

瀧と奥寺先輩がデートの日、突然三葉は瀧に会うために東京に行き、家に戻ると祖母に頼んで髪を切ってもらった。その後、友人たちと彗星を見に行き、糸守に隕石が落ちた日、つまり三葉が亡くなった日までの三葉の人生の記憶が、一瞬のうちに映像として流れ、瀧はそれを見届ける。ご神体で、口噛み酒を飲んで倒れた瀧が一瞬のうちに目にしたのは、宇宙の記憶、日本列島の記憶、糸守の記憶、そして三葉の人生の記憶だった。果てしなく広がる宇宙の中に、地球があり、日本があり、糸守があり、三葉がいる。これら大小の歴史はバラバラに存在するのではなく、それぞれの歴史が編み込まれて、一本の組紐になっていくのを、時間の流れと理解してよいのではないだろうか。

Ⅳ　人生の記憶の物語

瀧は、両親の愛情を一身に受けていた幼い頃の三葉、妹の誕生、母を喪い、父もいなくなってしまった三葉の人生を一瞬のうちに見た。しかし、それは、ただ見たということではない。瀧は、それまでに、三葉の体の中に入り、内側から三葉の体を体験し、三葉の目を通して世界を見、糸守の高校の女子高校生としての三葉、そして代々続く宮水神社の家の娘の三葉として生きてきたのだ。だから、映像で三葉の人生を見たとき、瀧はそれを他人の出来事としてではなく、我が身のこととして内側から共に体験したのではないだろうか。これは三葉の人生の記憶の物語といってもよいであろう。

「人生の記憶の物語」をどのように聞くのか?

心理療法家として、私は、来談されるクライエントからいろいろな話を伺ってきた。面接の回数を重ねていくに従って過去に遡った話になることもあれば、初めから、その人の誕生から今日に至るまでのあらかたの歴史を尋ねることもある。これはクライエント本人の記憶に基づく話で、それを我々は「生育歴」と呼んだりする。これをどのように聞くかによって、その意味は随分違ってくる。

一般的には、問題が生じているなら、その原因を突き止めて直せばよいと考えがちなのだが、体の病気とは違って（本当は体の病気もそれほど単純なものではないのだが）、心のこととなると（実際は心理療法が扱う問題は心と体と分けることなどできないのだがとりあえずこのようにいっておく）それほど簡単にはいかない。

「子どもは褒めて育てよう」とか「不登校の子どもに学校へ行けとは言ってはいけない」とか「うつ病の人を励ましてはいけない」など、世の中にマニュアルめいたものはたくさんあるが、実際どれほど役に立っているかといえば、心許ない。なぜなら、これは当たり前のことなのだが、我々人間は一人ひとり違っているからである。当たり前だと言いながら、すぐに人はそのことを忘れてしまいがちである。

効率という点では、一人ひとりの違いを大切にする心理療法はきわめて効率が悪いといえよう。時間はかかるし、心理療法家が一度にたくさんの人と関われるわけではない。一人の心理療法家が担当できるクライエントの数は決して多くはない。

人間は一人ひとり違うからこそ、面白いし魅力的であると同時に厄介でもある。目に見える効率という点だけでいえば、ロボットのような人間を作る教育をするのが効率的なのかもしれない。さすがに、この考えに賛同する人は多くないであろうが、知らず知らずのうちに、現代社会がこのようなオリエンテーションをもっていなくもないようにも見える。そのような現代社会の影を担っている人たちのために、心理療法が存在しているといってもいいのではないだろうか。

村上春樹は、長・中・短編小説、対談、エッセーなど多くの作品が今日50以上の言語に翻訳され、世界中に熱烈な読者をもつ作家である。2022年には、村上の短編を原作とした濱口竜介監督の映画『ドライブ・マイ・カー』(2021)が、アカデミー賞の国際長編映画賞を初めとして、国際的な賞を次々と受賞したことで世界的に話題になったりもした。

私自身、1980年代から次々と熱心に村上作品を読んできた。しかし次第に、私の興味は、完成された作品を読むことにとどまらず、村上の創作方法について、創作過程で何が為されているのか、そしてそこで何が生じているのか、ということに関心をもつようになった。詳細は拙著『村上春樹、方法としての小説——記憶の古層へ』(2019)を参照いただきたい。

その中でも触れたが、ここでは、村上春樹のノンフィクション『アンダーグラウンド』を取り上げたい(村上1997/1999)。これは1995年に東京で起こった地下鉄サリン事件の現場を文章で再現することを目的として、村上自身が62名の被害者と関係者に1時間半から2時間、場合によっては4時間にも及ぶインタビューを行って執筆されたものである。「はじめに」で村上は次のように述べている。

取材において筆者がまず最初に質問したのは、各インタビュイーの個人的な背景だった。どこで生まれ、どのように育ち、何が趣味で、どのような仕事につき、どのような家族とともに暮らしているのか――そういったことだ。とくにお仕事についてはずいぶん詳しいお話をうかがった。そのようにインタビュイーの個人的な背景の取材に多くの時間と部分を割いたのは、「被害者」一人ひとりの顔だちの細部を少しでも明確にありありと浮かびあがらせたかったからだ。そこにいる生身の人間を「顔のない多くの被害者の一人（ワン・オブ・ゼム）」で終わらせたくなかったからだ。（pp.27–28）

被害者たちを「傷つけられたイノセントな一般市民」というイメージで一括りにしたくなかったということで、「**その朝、地下鉄に乗っていた一人ひとりの乗客にはちゃんと顔があり、生活があり、人生があり、家族があり、喜びがあり、トラブルがあり、ドラマがあり、矛盾やジレンマがあり、それらを総合したかたちでの物語があったはずなのだから**」（p.29）と述べている。そのとおりだと思う。ホロコーストの生存者、原爆の被爆者、最近では新型コロナの感染者などと、知らず知らずのうちに、我々は大きな一括りで人を見てしまってはいないか。心理療法の話でいえば、うつ状態のクライエント、不登校の子ども、発達障害のクライエント、と貼られたレッテルの枠組みでしかその人を見ることができなくなってはいないか、と思うのである。

作家の小川洋子は、河合隼雄との対談の中で、御巣鷹山《おすたかやま》の日航機墜落事故を朝日新聞がどのように伝えたかというドキュメント本（『日航ジャンボ機墜落――朝日新聞の24時』1990年、朝日文庫）のことを語っている（小川・河合2008/2011）。その巻末に、乗客全員の氏名・年齢・住所・乗っていた目的が、何の感情も込めずに、それぞれ一行で書かれているだけなのに、「一日中でも読んでいられる」（p.97）「何冊もの本を読んだような気分になりました」（p.98）と小川が言うと、それに対して河合は、「それぞれそれまでの人生の物語がある。亡《な》くなった五百二十人それぞれの物語の終着点が一致して、一緒に命を失ったわけです」（p.98）と述べている。そして次のように対話は続く。

小川：墜落機に一人で乗っていた小学生の男の子がいました。夏休みに、甲子園に清原《きよはら》と桑田《くわた》の試合を観に行くというので、お母さんがその子を一人で乗せたんです。
河合：堪《たま》りませんね。
小川：そういう事実を、一行一行読んでいくと、抜け出せなくなります。（pp.98–99）

私自身同じような気持ちになったことがある。何年も前になるが、講義の時間に、各人が自分の生育歴を辿るということで、白紙に一本の線を引き、誕生から20年ほどの間の年表のようなものを作成するという時間をもった。「幼稚園に行った」とか「妹が生まれた」とか外的なことと同時に「どんな遊びをするのが好きだったか」とか、記憶に残っていることをいろいろ自由に書いてもらった。もちろん書きたくないことは書く必要はないし、あくまでも自分自身が振り返るためなので、名前も書かなくてもよい、ということにした。

私の手元に届いた学生たちからの提出物には、「X歳で骨折をした」とか、「Y歳の時に引っ越した」とか、「小学校Z年生の時~をやっていて怒られた」とか、「海で拾った石を宝物にしてずっと持っていた」とか書かれているだけなのに、一人の人間がこの世に生を受けて、こうして20年ほど生きてきたのだという想いに圧倒され、また彼らの周囲にいる両親や家族を初めとする人々にまで何時間も思いを巡らしたりして、フラフラになった記憶がある。

心理療法においては、もちろんさらにいろいろ詳細に話を伺うので、一見ほんの些細に見える出来事にもその背後に繋がっているさまざまの状況まで想像をしながら聞いていると、当然のことながら、こちらが感じとるその方の人生の重みのようなものはさらに重くなる。

ご神体での瀧がそうであったように、一人の人間が生きた歴史の背後にある、その土地の歴史、その国の歴史、さらには宇宙の歴史まで視野に入れて、重ねるようにして話を聞くことができればと思う。瀧は、もちろんそのようなことが起こるとは事前に知っていたわけではないが、覚悟をもって、多くの犠牲者を出した被災地にあるご神体に行き、口噛み酒を飲んだことで、奇跡的な体験をした。

心理療法家として、上述した「生育歴」についても、「○歳で~をした、幼少期~だったから~になった」といった具合に、簡単に点と点を繋ぐような聴き方ではなく、その人が自分の「人生の記憶の物語」を紡げるような聴き方をしたいものである。

第10章　『君の名は。』における時間

I　時系列に沿って物語を辿る

1　入れ替わりの時期

『君の名は。』においては、三葉と瀧が生きている時間には三年間のギャップがあり、映画を見ていると時間が進んだり戻ったりするので、一回見ただけではよくわからないという感想をもつ人も多い。そこで、時系列に沿って、物語をいったん整理しておこうと思う。その場合、映画の中の、教室の黒板に記された日付やスマートフォンに示された日付が、年月日を知る上での手掛かりになる。一方、小説にはそのような映像がないので、小説版を読んだだけでは、正確な日付まではわからない。

この物語は２０１３年９月２日から始まる。この日の朝、糸守の三葉の部屋で目を覚ました瀧は、初めて自分が別人の体になっていることに気づく。その日の瀧の行動は描かれていないが、翌日の９月３

日（三葉の高校の教室の黒板に書かれている日付でわかる）、三葉は、古典の教師から「宮水さん、今日は自分の名前、覚えてるのね」と言われてクラスメートに笑われ、友達のサヤちんからは「覚えとらんの？　あんただって昨日は、自分の机もロッカーも忘れたって言って、髪は寝癖ついとったし、リボンはしとらんかったし、……なんか記憶喪失みたいやったよ」と言われていることから、彼らの一回目の入れ替わりは、２０１３年９月２日に起こったということがわかる。しかし、二人の生きている時間には三年のズレがあるので、三葉にとっては２０１３年の９月２日だが、瀧にとっては２０１６年９月２日ということになる。

一回目の入れ替わりについて、三葉は、「そういえばずっと変な夢を見とったような気がするんやけど、なんか別の人の人生の夢？　うーん、よく覚えとらんなあ……」と言うだけで記憶にはほとんど残っていないようだ。

二回目の入れ替わりは９月５日（瀧のスマートフォンの日付から９月５日だということがわかる）に起こり、三葉は瀧の体に入っていることを初めて意識する。一日の終わりには「ホントに良く出来た夢やなー」（p.67）と呟いている。

２０１３年10月４日、糸守町は隕石落下により壊滅的な被害を受けて、そのとき三葉は亡くなるので、三葉にとって、入れ替わりが始まってからほんの一ヶ月ほどの間の出来事ということになる。２０１３年10月３日、（三年後の）瀧と奥寺先輩のデートの日、三葉は東京へ瀧に会いに行ったが、電車の中で三葉が見つけて声を掛けた瀧は、三年前のまだ中学生の瀧である。三葉も瀧の外見を見たのはこのときが初めてである。ちなみに、年が違うので同じ10月3日ではあっても、瀧のデートの日は（おそらく）休日で、三葉が東京に行ったのは（学校をサボって東京に行ったというのだから）平日だった。

このとき、瀧にとってはまだ入れ替わりは起こっていないので、三葉のことが誰なのかわからない。ところが、三葉としては、すでに何度も体が入れ替わっていた相手なので、当然瀧の方も自分のことがわかると思ってのことだった。瀧に名前を尋ねられ、三葉は名を名乗り、髪の毛を結わえていた組紐を解いて瀧に手渡す。この組紐はその後三年間瀧が持っていることになる。

三葉は、瀧が自分のことをわからなかったので、傷心のうちに糸守に戻り、祖母に頼んで髪を切ってもらう。翌日、三葉は学校を休むが、秋祭りということで、夕方テッシーとサヤちんと一緒に最接近する彗星を見に行く。彼らはその夜に亡くなる。そのとき、まだ中学生の瀧は、自宅のマンションの廊下から彗星が二つに割れる美しい夜空の光景を見ていた。

2　邂逅

三年後の2016年10月X日（「つい二、三週間か前に！　彗星が見えるねって、こいつは俺に言ったんです」（pp.128-129）という瀧の言葉から、X日とは10月3日から2、3週間後だと思われる）高校2年生の瀧は、奥寺先輩たちと一緒に、ようやく糸守を探し当てたが、三年前に隕石が落ちて町は壊滅的に破壊され、三葉たちはそのとき亡くなっていたことが判明する。その後、瀧は一人で宮水神社のご神体に行き、そこで口噛み酒を飲んで意識を失い、宇宙レベルでの時間の流れを体験し、地球の歴史、日本列島の歴史、三葉の誕生から亡くなるまでの人生の記憶の物語を目の当たりにする。一方三葉は、瀧の体の中に入った状態で、ご神体で意識が戻る。三葉（体は瀧）は、外輪山に登り、山頂から隕石の落下により、町の大半が湖に没してしまった糸守の風景を見て、10月4日に自分が死んだことを悟る。

2016年10月X＋1日、瀧の体に入っている三葉と、三葉の体に入っている瀧は、ご神体の外輪山の山頂で、カタワレ時の間だけ、三年間の時間のズレを超えて、初めて本来の姿に戻って逢うことができる。二人が、互いに誰であるのかを知った上で、相手の姿を直接見たのはこのときが初めてである。

瀧は三葉に、糸守町の人々を救う計画を説明する。感動の逢瀬も束の間、周囲は暗さを増し、カタワレ時も終わりかけるとき、瀧はフェルトペンを取り出し、「目が覚めても忘れないようにさ」と言いながら三葉の手のひらに何かを書く。そして、「名前を書いておこうぜ」と続けて三葉にフェルトペンを手渡す。しかし、三葉が瀧の手のひらに文字を書き入れようとした瞬間にカタワレ時は終わってしまい、三葉の姿は消える。

瀧の手のひらには書きかけの細い線が一本引かれているだけで、それに触りながら「……言おうと思ったんだ。お前が世界のどこにいても、俺が必ずもう一度逢いに行くって」と瀧は言う。この台詞から、ひょっとして、やはり本当はすでに三葉は亡くなっていて、時間と空間における境界（「カタワレ時」――昼と夜の時間的な境界――に「カクリヨ」――生の世界と死の世界の空間的な境界――）に二人が居る間だけ、死者の世界への通路が開き、瀧は三葉と逢うことができたのかもしれない、という気持ちになる。

三葉は、瀧から教えられた計画を引き継ぎ、実行しようと下山する。変電所で爆破を起こし、町を停電させて、町民に避難指示の放送を流すという計画だが、町役場に見つかって阻止されて、町民の避難は進まない。そこで再度三葉は、父親を説得するために町役場へ向かうが、途中の坂で転倒する。瀧の名を思い出すために手のひらを開くと、そこには「すきだ」とある。その言葉に励まされた三葉は再び町役場へと急ぐ。その後、二つに割れたティアマト彗星の破片が糸守町に落ちた。

一方、一人、山頂で一夜を過ごした瀧は、翌朝目を覚まして、なぜ自分がそこにいるのかもわからない。

3　記憶、再会

時は流れ、2021年。隕石落下による災害から8年、二人がご神体の山頂で逢ってから5年、大学生の瀧は就活中だ。三葉も、糸守を離れ、東京で暮らしているようだ。時々街中で、瀧は、赤い組紐で髪を結んでいる、三葉を思わせる女性の姿を見かける。二人は、互いの気配を感じることはあっても、入れ替わりのことも、外輪山の山頂で出逢ったことも忘れていた。漠然と、ずっと誰か、どこかを探しているという切実な感覚だけが残っている。

2021年10月4日、隕石落下からちょうど8年目の日、瀧は奥寺先輩に呼び出されて、久しぶりに二人は会う。5年前に糸守に行ったときのことが話題になるが、二人とも、もはやあの日のことはよく覚えていない。彗星の破片が町を直撃したにもかかわらず、ちょうどその時町をあげての避難訓練があり、町の住民のほとんどは無事だったということで、あまりの偶然と幸運に、その頃、巷ではさまざまな噂が囁かれていたという。5年前、高校2年生だった瀧は、糸守のスケッチを何枚も描き、ある時期、取り憑かれたようにその事件のことを熱心に調べていた。しかし、瀧は、もうそのことをぼんやりと思い出すだけである。

季節は変わり、2021年12月のクリスマスのイルミネーションが瞬くある日、瀧は、街中のカフェで、テッシーとサヤちんらしきカップルが結婚式の話をしているのを耳にする。とはいっても、彼らが誰であるのか、瀧が思い出したわけではない。しかし、「俺（瀧）はなぜか、二人の背中から目をそらすことができない」（p.244）というのだ。彼ら二人の声や存在が刺激となって、瀧の心の奥底で眠っていた糸守の記憶が頭をもたげたのであろうか、雪の降る中、瀧はその足で『消えた糸守町・全記録』という写真集を見るために図書館に向かう。そして、「今はもうない町の風景に、なぜこれほど、心をしめつけられるのだろう」と呟く。第7章でも述べたが、あらためて思い返してみると、我々の普段の生活の中でもこういったことはしばしばあるのではないだろうか。なぜだかわからないけれど～、とか、何となく～した、といった類の体験だ。自分の意志で動いているようで、実は、我々は大きな流れによって動かされているようなところがあるのかもしれない。

そこには在りし日の糸守の風景や建物の写真があり、「糸守小学校（1884～2013）」、「宮水神社（446～2013）」などといったキャプションがつけられ、それぞれの歴史が記されている。これら建物のはじまりはそれぞれだが、すべて2013年で終わっている。

2022年春、瀧は大学を卒業し、ようやく採用された就職先で働いている。東京の公園の桜は満開だ。「**俺たちはかつて出逢ったことがある。いや、それは気のせいかもしれない。夢みたいな思い込みかもしれない。前世のような妄想かもしれない。それでも、俺は、俺たちは、もうすこしだけ一緒にいたかったのだ。あとすこしだけでも、一緒にいたいのだ**」（p.249）。二人はずっと互いを探している。

ある朝、職場に向かう三葉と瀧は、併走する電車の中から互いの姿を見つけ、それぞれ次の駅で降り、互いの下車駅に向かって街中を駆け抜ける。ようやく神社の階段で、彼らは出逢う。そこは、実在する四谷十八ヵ町の総鎮守の須賀神社であり、この辺り一帯の土地を守る神様が祀られている。下から階段を上る瀧と、階段の上から降りてくる三葉。いったん二人はすれ違うが、瀧は立ち止まって振り返り、「あの俺。君をどこかで……」と階段の上の方から声を掛け、三葉も立ち止まって振り返り、下の方から「私も」と答える。二人が涙を流しながら、同時に「君の、名前は。」と声を揃えて互いの名前を尋ねるところで物語は終わる。

4　2022年、桜の季節

『君の名は。』の小説は2016年6月に出版され、映画は同年8月に公開された。瀧が、三年前の三葉と初めて入れ替わったのが2016年9月であるため、新海は未来の物語を書き、それが映画として上映されたということになる。２０１６年時点で、ティアマト彗星の片割れの隕石落下という災害はすでに起こっていたが、その後三葉と瀧の「入れ替わり」が生じたか否かは、小説が出版され、映画が公開された時点では未知だということになる。

物語は、三葉と瀧の入れ替わりが起こり、二人が糸守で奇跡的に出逢い、その後２０２２年桜の季節に東京で再会し、これからの二人の関係の発展を示唆するところで終わる。そして、私がこの章を書いている今は２０２２年春、桜が咲き、ちょうどその季節が終わる頃だ。とても不思議な巡り合わせである。

本当に時間は三年前に戻ったのだろうか。三葉は今も生きているのだろうか。二人は東京で再会したのだろうか。あるいは、まったくそんなことは起こらず、人々は何事もなかったかのようにその後の生活を送っているのだろうか。

一葉の「よりあつまって形を作り、捻《ねじ》れて絡まって、時には戻って、途切れ、またつながり。それが組紐。それが時間。それが、ムスビ」（p.88）という言葉のように、時間の流れを組紐に例えるならば、物語の終わりには、可能性として二種類の組紐が存在しているといえるのではないか。一本は三年前に時間が戻り、三葉は助かり、二人は糸守で出逢う……が、「三葉」という糸と「瀧」という糸はまた途切れて（いったん会えなくなり）、再びつながる（つまり二人は東京で再び出逢う）ことができるというもの。もう一本は、やはり時間が戻ることはなく、「三葉」の糸は彗星落下時点で途切れたまま。つまり三葉はすで亡くなっている。瀧がご神体の外輪山の山頂で逢ったのは、特別な時間に、死の世界から瀧に会いにやってきた三葉だった、というものである。その場合、東京で二人が現実に再会することは叶わないが、瀧の記憶の中に、三葉との体験の記憶はずっとイメージとして残り続けるのではないだろうか。

Ⅱ　止まった時間

上述したように、2021年12月、瀧は図書館で『消えた糸守町・全記録』という写真集を開いていた。見開きのページには「糸守展望台から撮影」したと記された、在りし日の山々に囲まれた糸守湖の写真が掲載されており、「2013年10月4日――糸守町は突然に消えた」とある。

さらに瀧がめくったページの映像をよく見ると「糸守小学校は江戸時代に宮水氏によって建設された寺子屋から端を発する……」とあり、当時、地元の宮大工による見様見真似での擬洋風の建物は、糸守のシンボルの一つとして町民に愛され、昭和45年（1970年）には、県の重要文化財に指定された云々、とある。そこには、糸守小学校の歴史の物語が記されている。

また宮水家が、古代よりこの土地で有力な氏族であったこと、一葉が繰り返し孫娘たちに語っていたとおり、江戸時代の大火事「繭五郎の大火」で神社や書物は焼失し、「その歴史を物語るのは人々の伝承のみとなった」との記述も映像から確認できる。代々宮司を務めてきた宮水家の宮水としき（俊樹）が、当時町長だったことも記されている。そこには糸守町の土地の歴史の物語が綴られている。しかし、宮水神社（446～2013）の歴史も糸守小学校（1884～2013）もすべて２０１３年で途切れ、糸守町の土地の時間は、２０１３年のあの日、10月４日の20時42分で止まっている。

広島の１９４５年８月６日８時15分、長崎の１９４５年８月９日11時２分、阪神・淡路大震災の１９９５年１月17日５時46分、東日本大震災の２０１１年３月11日14時46分。それぞれの場所で、止まったままの時計のことが頭をよぎる。

映画では、夜の都心の高層ビルや、高層マンションの窓に煌々と照る灯りが映し出され、それらの向こう側にいる人々は生きていて、それぞれの生活を営んでいる様子が伝わってくる。静寂の中、夜の帳が下りる。そしてまたいつものように朝陽が昇り、人々は活動を始める。花屋の店員、コンビニの店員、ゴミ出しをする女性、不動産を探しているカップル、学校で授業を受けている四葉を思わせる女子高校生、と東京の人々の暮らしを描いた映像が流れる。皆、それぞれ自分の小さな物語を精一杯生きているのだ。

我々は、普段、本当は何の根拠もないのに、昨日の次には今日があり、朝、昼、夜と時間が過ぎればいつか夜は明け朝になりまた明日が来る、と信じて生きているようなところがある。しかし、世界の至る所で地震や津波、台風、洪水、山火事など、自然災害が多発する今日、我々は、我々が生きているこの世界がそれほど盤石ではないということを思い知らされる。いや、自然災害だけではない。突然何が起こるか予測できないという点では、それぞれ種類も状況も異なるが、2019年の暮れから始まり世界中を席巻してきた新型コロナウィルスによるパンデミックも、最近のことでいえば、2022年2月のロシア軍のウクライナ侵攻も、温暖化による気候変動も然りだ。

いろいろな意味で、世界の構造の組み替えが起こりつつあるのが強く感じられる状況だ。しかし振返ってみるに、その兆候は何も急に始まったわけではない。以前から、世界各地で起こっていた内乱、紛争によって、多くの人が命を奪われ、風景や街は破壊されていた。日本国内にいるときよりも海外に行くと、より実感をもってそのような動向が感じられた。それにもかかわらず、我々は医学や科学が発達した21世紀にまさか、とか、グローバル化が進んだ平和な世界でまさか、と思い込もうとしていたのではないか。

瀧の、就職の面接での「……東京だって、いつ消えてしまうか分からないと思うんです。だからたとえ消えてしまっても、いえ、消えてしまうからこそ、記憶の中でも人をあたためてくれるような街作りを――」(p.234)という言葉が心に沁み入る。残念ながら、瀧の真意は就職面接の面接官たちには伝わらなかったようだ。「今・ここ」の外の世界を一度見てしまうと、このときの瀧のような難しさを背負うことになる、ともいえるであろう。

「この世」を中心として動いている日常の世界の中で、糸守町や三葉との体験を通して瀧が知ったことを、言葉にして表現するのは難しい。それでも就活におけるマニュアルどおりに発言するのではなく、あくまでも自分の言葉で、自分の真の想いを伝えようとした瀧に、私は個人的には拍手を送りたいし、瀧を採用してくれた会社があったことを喜びたい。

糸守町は、１２００年周期で厄災に襲われてきたということなので、２０１３年から数えて１２００年前に当たる８１３年に一度町は壊滅したということになる。４４６年創設の宮水神社はそのときすでにこの町に存在していたはずだ。そこで宮水家は、町の歴史を記した書物と巫女舞を通して、１２００年周期で町に訪れる厄災のことを後世に伝えようとしたのだろう。しかし、書物は焼失し、神社の儀式と組紐だけが残った。

瀧は、一葉から、自分も少女の頃、知らない町で、知らない男になって別の人の人生を生きている夢を見ていたという話を聞き、次のように推測する。「俺はふと思う。これは、宮水家に受け継がれてきた役割なのかもしれない。千二百年ごとに訪れる厄災。それを回避するために、数年先を生きる人間と夢を通じて交信する能力。巫女《みこ》の役割。宮水の血筋にいつしか備わった、世代を超えて受け継がれた警報システム」（p.158）なのではないか、と。時間はそこで止まってしまったように見えても、目に見えない何かが伝承されていくということがあるのではないか。もちろん文字どおりにというのではないが、このようなこともあり得るのではないかと思う。三葉たちの父親である俊樹が、「妄言は宮水家の血筋か」と言った言葉も、この辺りのことが関係しているようにも思われる。彼が民俗学者であったというだけに、この反応は少し残念な気がするが。

Ⅲ　記憶の遺産

人間は亡くなると、体はこの世からなくなる。しかし、だからといってその人の記憶までがなくなってしまうということはないのではないか。瀧が、ご神体で（本当はすでに亡くなっていた）三葉の人生の記憶の物語を見たように、（もちろん象徴的な意味においてではあるが）亡くなった人の記憶が、イメージとして、たとえば親子など周囲の大切な人々に、受け継がれていくということがあり得ると思われる。

第9章でも村上春樹を取り上げたが、ここでは彼の2009年のエルサレム賞受賞に際しての挨拶、「壁と卵」について述べる。『文藝春秋』2019年6月特別号の特別寄稿「猫を棄てる――父親について語るときに僕の語ること」（翌2020年に『猫を棄てる――父親について語るとき』として出版）まで、ほとんど家族のことを公の場で語ることのなかった村上が、この時には、珍しく父親のことを述べている。

私の父は昨年の夏に九十歳で亡くなりました。彼は引退した教師であり、パートタイムの仏教の僧侶でもありました。大学院在学中に徴兵され、中国大陸の戦闘に参加しました。私が子供の頃、彼は毎朝、朝食をとるまえに、仏壇に向かって長く深い祈りを捧げておりました。一度父に訊いたことがあります。何のために祈っているのかと。「戦地で死んでいった人々のためだ」と彼は答えました。味方と敵の区別なく、そこで命を落とした人々のために祈っているのだと。父が祈っている姿を後ろから見ていると、そこには常に死の影が漂っているように、私には感じられました。

父は亡くなり、その記憶も――それがどんな記憶であったのか私にはわからないままに――消えてしまいました。しかしそこにあった死の気配は、まだ私の記憶の中に残っています。それは私が父から引き継いだ数少ない、しかし大事なもののひとつです。（村上 2011, p.79）

毎朝、戦争で亡くなった死者たちのために祈りを捧げる父親の姿が、幼い村上の心の奥深くに記憶として刻みつけられたのであろう。村上自身は、戦争の体験はしていないし、具体的に父の体験がどのようなものであったのかはわからないという。しかし、彼が子どものときに父親から聞いた中国大陸での戦争体験の話は、村上の中にイメージの源泉として蓄積されたのだと思われる。村上春樹の父親はもうこの世にはいない。しかし、それと一緒に彼の父の記憶もこの世から消えてしまったのかといえば、そうではないだろう。それは、村上が述べているように、「死の気配」として息子である村上春樹に引き継がれたのである。村上（1997/2012）は、それを、インタビューの中で、「……いわば遺産のようなもの……記憶の遺産」（p.12）と呼んでいる。村上が父親から受け継いだのは、父親の個人の具体的な記憶というよりは、敵とか味方とかを超えた、深い人類の悲しみとでもいうべきものであろうか、それは魂の記憶であり、我々人類にとって普遍的に共有され得るものであろう。

我々が両親や祖父母などから聞いた話は、彼らが亡くなってしまうと、その具体的な内容は背後に退き、次第に曖昧なものになっていくだろう。しかし、それでもなお、何かイメージのようなものとして我々の中に残り続けるように思われる。そして、さらにそれは、次の世代に継承されるということもあり得るだろう。

Ⅳ 三葉の物語と宇宙の物語

三葉が生きた17年の時間は、2013年10月4日で終わったのかもしれない。命が限られているのは、もちろん三葉だけではない。人間は皆必ずいつか死ぬ。この世に生を受けて死ぬまでの時間とは、我々が「この世」と呼んでいる世界に、我々が現れている僅かな時間のことである。その間、我々はそれぞれ小さな物語を紡ぎ、それを遺して「この世」を去っていく。

三葉が「この世」で生きたのは、宇宙の歴史から見ればほんの取るに足らない僅かな時間である。しかし、三葉の心の中の小宇宙《ミクロコスモス》は無限の広がりをもって確かに存在していたし、彼女が紡いだ小さな物語は、大宇宙《マクロコスモス》の大きな物語の中に組み込まれてずっと存在し続ける。

はるか宇宙の彼方からのティアマト彗星が、二つに割れて落下するというのは、何か命の循環をも感じさせるイメージである。このようにして時間という組紐には、たくさんの数えきれない見えない糸が編み込まれているのではないだろうか。

第11章　現代における『君の名は。』の意味

Ⅰ「母なるもの」からの分離

第4章において、「ムスビ」について取り上げ、「母なるもの」及び「グレートマザー」について次のように述べた。

「ムスビや絆というのは、繋ぐものであり、これは「母なるもの（母性）」のもつ特徴である。ユング心理学の言葉でいえば、「Great Mother：グレートマザー（太母）」である。優しく、育み、包み込むグレートマザーは、多くの人が抱く母親の肯定的なイメージである。しかし、裏を返せば、自分の手元にいる限りは愛しむが、彼女の元から離れようとすると、そうはさせない、と抱きしめ、摑んで離さず、挙げ句の果てには、呑み込んで殺してしまう恐ろしい存在でもある。これはグレートマザー

の否定的な側面である。

本章では「母なるもの」、「グレートマザー」をキーワードに『君の名は。』を読み、現代におけるこの物語の意味についても考えてみたい。

『君の名は。』の映画版は、ティアマト彗星が二つに割れ、雲海を突っ切って糸守を思わせる山間の町を目がけて落ちていくところから始まる。第3章で述べたようにティアマトは、原初の海の女神、万物を生み出す混沌の神でもあるので、まずこの物語の冒頭にあるのは、母なる混沌から分離が生じるイメージであるといえるだろう。これは、ご神体で瀧が見た三葉の人生の始まり、母胎からこの世に生まれ出て臍の緒が切られ、二葉と身二つになるという、文字どおり母親から分離するイメージと重なる。

三葉と瀧の間に起こる「入れ替わり」という現象は重要な問題を孕んでいると考えられる。彼らは、ある位相において自らのコントロールを超えて行き来をしてしまう、つまり彼らは「個」として閉じていない状態にあることがわかる。

いずれにしても、二人が、独立した「個」としての一人の男性と一人の女性として出逢って結ばれるためには、まず分離する必要があると考えられる。

一方、小説版の冒頭は、第2章でも引用したが、次のような語りから始まる。

懐かしい声と匂い、愛おしい光と温度。

私は大切なだれかと隙間なくぴったりとくっついている。分かちがたく結びついている。乳房に抱かれた乳呑み児の頃のように、不安や寂しさなんてかけらもない。失ったものは未だひとつもなく、とても甘やかな気持ちが、じんじんと体に満ちている。

ふと、目が開く。

天井。

部屋、朝。

ひとり。

東京。

——そうか。

夢を見ていたんだ。私はベッドから身を起こす。

そのたった二秒ほどの間に、さっきまで私を包んでいたあたたかな一体感は消え失せている。跡形もなく、余韻もなく。そのあまりの唐突さに、ほとんどなにを思う間もなく、涙がこぼれる。

(この後は、映画版と同様に三葉と瀧の掛け合いが続く。)

これはいったい誰の語りなのだろうか。「大切なだれか」とはいったい誰のことなのだろう。そんな疑問が脳裏をよぎる。なぜなら「隙間なくぴったりとくっついている」、「分かちがたく結びついている」、「乳房に抱かれた乳呑み児の頃のように」、「私を包んでいたあたたかな一体感」といった一連の表現からは、恋人に対する想いを語っているというよりは、幼い日に体験した母親との一体感、あるいは「個人の母親」を超えた、自分を守り包んでくれていたあらゆる「母なるもの」から、物理的に「分離」した状態にいることに気づいた瞬間の語りのように聞こえてくる。

夢の中での「母なるもの」との一体感から目覚めると東京で一人、という件《くだり》からは、20年以上前、故郷長野の小海町から東京に出てきた若き日の新海誠の姿が重なって見えるようでもある。第4章で述べたように、新海は「ムスビ」の功罪をよく知っていた。だからこそ、「母なるもの」からの「分離」の重要性も、人間が生きていく上で「母なるもの」に守られていることも、どちらも必要であることを知っていたのではないだろうか。

このように見ていくと、この物語が展開する中、ずっと通奏低音のように響いている重要なテーマ「ムスビ」の前提として、まず「分離」が必要なのではないかと思われる。

Ⅱ　「母なるもの」への郷愁

分離には痛みが伴う。そして、その後に「母なるもの」への郷愁が呼び起こされるのではないか。物語の中で、奥寺先輩とのデートで訪れた美術館の「郷愁」と名づけられた写真展の「飛騨」と書かれたエリアで見た写真が、瀧の中の糸守の風景の記憶を呼び覚ましたことからも、『君の名は。』を「母なるもの」からの分離と「母なるもの」への郷愁の物語と読むことができるのではないだろうか。

瀧が三葉の体の中に入り、一葉、四葉と共にご神体に口嚙み酒を奉納に行ったときの彼の語りからも、瀧の中で「母なるもの」への郷愁が徐々に呼び覚まされていく様子が伝わってくる。祖母と妹と一緒に自然豊かな秋の山道を歩きながら、初めは「こいつらって昔話的世界に生きているんだなと俺は感心してしまう」（p.86）という瀧だったが、杖をつきながら和服姿で山道を歩く一葉の小さな背中を見ているうちにさまざまな想いが込み上げてきて、瀧は祖母に対して背負うことを申し出ている。瀧は、「遠い昔に誰かの家でかいだような不思議な匂いがぷんとする。一瞬、以前にもこんな瞬間があったような、不思議なあたたかな気持ちになる」（pp.86–87）といっている。

祖母は、「土地の氏神さまのことをな、古い言葉で産霊って呼ぶんやさ」と「ムスビ」の話を始める。「**糸を繋げることもムスビ、人を繋げることもムスビ、時間が流れることもムスビ、ぜんぶ、同じ言葉を使う。それは神さまの呼び名であり、神さまの力や。ワシらの作る組紐も、神さまの技、時間の流れそのものを顕しとる**」（p.88）と。瀧は、「神さま？　唐突になんの話だ？」と当惑するも、「まんが日本昔話みたいな婆ちゃんの声には不思議な説得力がある」（pp.87–88）と耳を傾けるようになる。

このように、「母なるもの」への郷愁は、我々を心の古層へと誘う力をもっている。「ムスビ」という言葉を使うならば、「母なるもの」への郷愁は我々を（我々の）心の古層と結ぶ、あるいは心の古層と繋ぐとでもいえようか。そしてこれは、決して日本人に限られたことではない。欧米の人たちと話していると、ヨーロッパにキリスト教が広まる以前のケルトの神々が、今もそこで暮らす人々の心の古層に生き続けているのが感じられることがある。

瀧のこれまでの具体的な人生に関して、物語ではほとんど明らかにされていないが、「年寄りと暮らした経験のない俺」（p.86）という彼は、おそらく東京で生まれ、東京で育ったのだろう。また、中学生の頃から瀧は母親とは一緒に住んでおらず、個人的な「母なるもの」の温もりを十分に体験できていなかったことも推察できる。日本人の原風景とでもいうような景色の中の一葉の姿は、ひょっとしたら瀧の個人的な体験を超えた記憶の古層に眠っていた、「母なるもの」への郷愁のようなものを刺激したのかもしれない。

Ⅲ 『となりのトトロ』に見る「母なるもの」の力

昭和30年代前半の日本の農村を舞台にした、宮崎駿監督のジブリ作品『となりのトトロ』は、「母なるもの」の温もりと守る力を描いており、人々の郷愁を誘う物語でもある。この作品が公開されたのは1988年、ちょうど日本はバブル経済期真っ只中だった。社会の変化が激しい現代において、『となりのトトロ』が、公開から三十数年経った今日に至るまでほぼ隔年でテレビ放映され、その視聴率がずっと20～15％前後を保っているということは驚くべきことではないか（Wikipedia）。昭和30年代の日本を実際には知らない子どもたちにとって、彼らの親の世代さえ知らないであろう時代を描いた物語が、魅力的であり続けるというのはとても興味深い。しかも、トトロを好きなのは子どもたちだけではない。

【物語のはじまり】

小学生のサツキと妹のメイ、そして考古学者の父親の三人が、長期の入院療養が必要な母親の病院が近い農村の古い家に引っ越してくる。ある日、庭で一人遊んでいたメイは、小さな不思議な生き物を見つける。それを追いかけていったメイは、どんぐりを取ろうとして、ご神体を思わせる大きなクスノキの根元にある空《うろ》から中に転がり落ちる。空洞の底には広い緑豊かな空間があり、そこに大きな生き物がゆったりと寝ている。メイが名前を尋ねると、その生き物は「トトロ」と言ったように聞こえた。メイはその生き物のフワフワのお腹の上で眠ってしまう。

これは、メイのトトロとの出逢いの場面である。サツキとメイは、母親が病気で長期間一緒に暮らせない上に、新しい土地に引っ越してきたばかりでまだ知り合いも友達もいないため、「母なるもの」の守りが薄い状態にあるといえるだろう。しかし、彼らの隣家のおばあちゃんはいかにも大地に根差したような人であり、田畑で米や野菜を作っていて、折に触れてごく自然に二人のことを気にかけ、世話もしてくれる。サツキの学校の友達も、地域の人々も、温かく彼らを受け入れている様子が窺える。

姉のサツキは学校に行き、父親は自分の仕事に没頭しているある日、メイは、庭で一人ぼっちで遊んでいる。やはり、このような不思議な体験をする時というのは、決まって一人で、(本人は楽しそうにイキイキとしているが）孤独な時のようである。メイは、バケツの底に開いた穴から覗いているときに、小さな生き物（小トトロと中トトロ）を見つける。「日常の目」では見えないものが、バケツの穴を通して見る「非日常の目」には見えたということだろうか。

クスノキの空《うろ》の中のトンネルを通り抜けて、トトロのお腹の上に転がり落ちたメイは、まるで産道を通ってそこに生まれ落ちたようにも見えるし、反対に、産道を通って母胎の中（トトロのいる世界）に戻ったようにも見える。いずれにしても、弱まっている「母なるもの」の力が、トトロとの出逢いや、おばあちゃんをはじめとする地域の人々の温かい守りの力によって補われている。

しかしそれでも、十分ではない。新鮮なトウモロコシを母親のところに届けようとしたメイが、行方不明になってしまうという大変な事件が起こる。日が暮れ始め、池で幼児のサンダルが見つかるなど、メイが死の世界に近づきかけているのかもしれないことを仄めかす場面もあるが、地域の人々がメイの行方を総出で探してくれ、最終的にはトトロの助けで、サッキとメイは母親のところに無事トウモロコシを届けることができる。そして、近いうちに母親が家に戻ってくるであろうことが示唆されたところで、物語は終わる。

トトロの助けを得ることができたのは、サツキがトトロのところに行ってメイを助けてくれるよう懇願したからである。妹を守らねばというサツキの中の「母なるもの」の力が、彼女を主体的な行動に駆り立て、その必死の思いがトトロのいる場所への通路を開き、メイを救ったという点は重要である。

『となりのトトロ』においては、現実の母親が不在で守りが薄くなっている子どもたちを、トトロを含めさまざまな種類の「母なるもの」の力が、幾重にも重なり合って守っている様子が見て取れる。

この映画のキャッチコピーは「このへんな生きものは　まだ日本にいるのです。たぶん」である。しかし、日本テレビの「金曜ロードショー公式ツイッター」（2014）には、このキャッチコピーが生まれた経緯が以下のように記されている。

最初「このへんないきものは、もう日本にはいません。たぶん。」というコピーを提案しましたが、宮崎駿監督の希望で「まだ日本にいるのです。」にコピーを変更。「でも、やっぱり『たぶん。』は必要だと思ってつけさせてもらいました」と糸井さん。（注：「糸井さん」というのはキャッチコピーを考案した糸井重里氏のことである）。

このやりとりから、まだ「トトロ」にいて欲しいという、宮崎駿監督の願いのようなものが感じられるし、糸井の、昭和30年代にはいたけれど、今（１９８８年）はもういないのではないか、という気持ちも頷ける。

好景気で、どこか日本全体が浮き足立っていたあの頃、それを危惧した宮崎監督は、トトロに象徴されるような、子どもたちだけに見えて大人には見えない、神様とも妖怪ともつかない存在が、人々を包み込み守るという物語を届けたかったのだろう。当時はまだ「母なるもの」といえば多くの人々が、肯定的なイメージを共有していた頃といえるだろう。『となりのトトロ』の登場人物たちが、立派なクスノキや、子どもたちだけに見えて大人たちには見えないものに対して、畏れや感謝の気持ちをもっているのも印象深い。

時代の流れと共に社会が変われば、心のありようもそれに応じて変わる。一方で、心の奥底の方には、ずっと変わらないもの、変わり得ないものがあり続けるのも興味深いことである。それは、日本人に特有のものもあれば、人種や文化、言語を超えて共有されるものもあるだろう。

Ⅳ 『千と千尋の神隠し』に見る「母なるもの」

次に、『となりのトトロ』の公開から13年経った、バブル崩壊後の2001年の宮崎駿監督のジブリ作品『千と千尋の神隠し』における「母なるもの」にも言及しておきたい。『となりのトトロ』に描かれていたのは、自然も含めて、守る「母なるもの」であり、そのような「母なるもの」への郷愁でもあったが、『千と千尋の神隠し』には、肯定的、否定的、そして単純に肯定的、否定的とは決められないような「母なるもの」の諸相が描かれており、非常に興味深い。

【物語のはじまり】

10歳の千尋は、両親と一緒に引っ越し先へと車で向かう途中、父親のちょっとした悪戯心から、人間が足を踏み入れてはならない世界に迷い込んでしまう。そこは八百万の神が癒しを求めて集ってくる湯屋だった。千尋の両親は、人間が食べてはならない神様の食べ物を勝手に食べてしまったため、豚に姿を変えられてしまい、まったく助けにはならず、千尋は一人でさまざまな試練を受けることになる。

この映画のキャッチフレーズは、「トンネルの向こうは、不思議な町でした」である。『となりのトトロ』での「トトロの棲む世界」(「異界」)は、我々の日常の世界のほんの隣だったのに対して、千尋たちが迷い込んだ神々の世界(「異界」)は、森の奥の、長いトンネルの向こうだった。つまりこれは、我々にとって非日常的な「異界」が随分遠くなったということを意味している。一方『君の名は。』においては、東京も糸守も現実の場所であり(もちろん物語の中ではという意味だが)、パラレルに現実世界が存在している。当初、二つの世界は夢の中の通路によってのみ繋がっており、移動は、二人(三葉と瀧)の主体的な意志に関係なく生じるのが特徴的である。

私は、かつて、拙稿「*Spirited Away* and its depiction of Japanese traditional culture」(Yama 2018)において『千と千尋の神隠し』(英語タイトル:*Spirited Away*)に登場する人物たちの特性をユング心理学の視点から検討し、そこに描かれているのはグレートマザーが支配的な世界であると捉えた。薬草風呂や豪華な料理で客をもてなす湯屋は、肯定的な「母なるもの」の象徴のような場であり、そこを経営しているのは、双児の魔女のうちの一人、湯婆婆である。彼女は客にはサービスをしてへつらうが、雇用人たちには支配的で横柄であり、千尋にも辛く当たる。その一方で、一人息子の坊を溺愛しており、際限なく甘やかし、危ないからと家の外にも出さないといったような具合であり、子どもを呑み込み、殺してしまう否定的な「グレートマザー」をそのまま体現したような存在である。坊は、お菓子をたくさん食べて太っており、自分の足で立って歩くことさえできない。湯婆婆は、甘やかして、文字どおり子どもの自立（＝自分の足で立つ）を阻む否定的な母親そのものである。

双児のもう一人の魔女、銭婆は沼の底に住んでいる。彼女の家は沼の水の中、水とその下の地下の世界との境界あたりにあるということか。千尋は釜爺からもらった片道切符だけを持ち、海原電鉄に乗って銭婆を訪れるということからも、銭婆が住んでいるところは黄泉の国を思わせる。ちなみに釜爺は男性ではあるが、湯屋で、本来中世の魔女の仕事だった薬草の調合をしているため、グレートマザー的な側面を持ち合わせているともいえるだろう。銭婆のところに向かう途中、列車に乗り込んでくる人々の姿は、皆黒い影で死者を思わせ、千尋たちが死の世界に向かっていることを感じさせる。ユングによれば否定的なグレートマザーの極には悪い母がおり、「あらゆる秘密、隠蔽、暗黒。深淵、死者の世界。呑み込み、誘惑し、害をなし、運命のように恐ろしく、逃げられないあらゆるもの」（Jung, 1938/1954）を暗示していることから、千尋たちを温かく迎えてくれる銭婆にも死につながる否定的な「母なるもの」の要素があることがわかる。

これ以上詳細は省くが、千尋は、個人的な母からは離され、一人で「母なるもの」の肯定的、否定的、両方の側面を体験することを通して成長し、さらに、千尋だけではなく周囲もそれぞれが変容したと理解することができ、「母なるもの」の肯定的な側面が前面に描かれていた『となりのトトロ』とは随分様相が異なる。

また、千尋の両親は、人間が食べてはならない神々の食べ物を、「クレジットカードを持っているから大丈夫」と平気で食べるような畏れを知らない人たちである。それに対して、『となりのトトロ』では、大人には見えないけれど子どもたちには見えるものの存在が、大人たちにも当然のことのように受け入れられ大切にされているし、「お化け屋敷」と呼ばれているサツキたちの家に対しても、クスノキに対しても、皆どこか畏怖の念のようなものをもって接しているのが伝わってくる。

以上から、『千と千尋の神隠し』では、肯定的な「母なるもの」を懐かしみ、取り戻したいということだけではもはや済ませられない状況が示唆されているように思われる。「母なるもの」の否定的な側面を知ることの重要性とともに、人々が現実に目に見えるものしか見ようとしなくなりつつあること、目に見えないものへの畏怖の念が失われつつあることへの危惧のようなものも示唆されているように思われる。

V 『君の名は。』に見る「母なるもの」

『君の名は。』においても、『となりのトトロ』と同様に、子どもたちの母親が病気になる。しかし、当時、四葉はおそらくメイと同じ年頃で、まだ母の死の意味を理解することさえできないくらい幼かったにもかかわらず、母が彼女たちの元に戻ってくることはなかった。さらにその後、祖母との間に不和が生じた父親も宮水家を出て行き、今なお、三葉との間にもわだかまりを残したままである。「母なるもの」とは、母親の中だけではなく父親の中にも求められるものである。父も母もいなくなった三葉と四葉にとって、個人的な「母なるもの」による守りの力が非常に弱くなっていたといえるだろう。それを祖母が精一杯補おうとしているのだが。

その一方で、「糸守町は人口千五百人のしょぼい小さな町だけに、大抵の人たちは知り合い、あるいは知り合いの知り合いなのだ」（p.18）というように、糸守においては決して「母なるもの」の力が弱いというわけではなく、良きにつけ悪しきにつけ、その繋ぐ力の強さは依然として健在のようである。「この町狭すぎるし濃すぎるんやさ！」という三葉の嘆きからも、それが窺える。

三葉の友人早耶香は、「うちなんか母子《おやこ》姉妹三連続で町内放送担当だもん。近所のおばちゃんたち、子どもの頃からずっと私を『放送のお嬢ちゃん』呼ばわりやよ⁉ そして私はなぜか放送部所属やし！もう自分でもなにがしたいのか分からんわぁー」（p.30）と言って嘆いている。しかし、ひょっとしたら一昔前であれば、早耶香のような立場の人も、このような周囲の反応を、温かく見守られている、と受け取ったかもしれないし、母子姉妹で町内放送を担当していることを、どこか誇りに感じていたかもしれない。それ以前に、親や姉がやってきたことを、自分も同じようにやることが自然で、それが当たり前だったかもしれない。

都会に出て、自分のやりたいことができるという選択肢を手に入れた分、閉じられた共同体の中で「母なるもの」に守られながら生きることに満足できなくなってきているとともに、「自分はなにがしたいのか」という「主体」としての自分を意識しなくてはいけなくなってきているといえるだろう。

三葉の場合は、より深刻かもしれない。地域の由緒ある神社の娘として生まれ、その伝統を受け継ぎ守っていくことに周囲も自らも価値を置き、当然のこととしてその役割を全うすることに生き甲斐を感じながら生きる、というのは、かつては、恵まれた幸福な生き方とみなされてきたのではないだろうか。そもそも、三葉のように代々続いた家を継ぐべきことが定められているような人にとって、「主体」や個人の意志などが問題になっただろうか。

今日では、共同体全体の歴史を背負わされている三葉のような女の子ですら、時には「あの人は糸守を捨てていった」という人々の目に晒される覚悟をしなくてはならないかもしれないが、自分の意志で東京に出ていくことも随分たやすくなった。しかし、何事も良いことばかりではない。我々は、新たな問題と取り組まなくてはならないのだ。

このような状況は、現代社会を端的に象徴していると思われる。閉じられていた小さな共同体は開かれ、多様な価値観が入ってきて、人々の可能性は広がったように見える。また、異なる国や文化の間、性別など、あらゆるものの境界は曖昧になり自由になった分、我々は自分たちの生き方について自問しなくてはならなくなった。閉じられた社会の中で、「母なるもの」に包まれて守られるようにして生きる他に選択の余地がほとんどなかった時代とは異なり、自分の「主体」ということが求められるようになってきたのではないかと考えられる。

閉じられたハイコンテクストな共同体で、同じような価値観をもって人々が生きていた時代とは違って、コミュニケーションにおいても新たな能力が求められるようになってきた。昔の人はコミュニケーションができたのに今の人はできない、ということではない。

歴史を振り返れば、新しいものに触れるたびにこのような課題は常に生じてきたはずだ。しかし、国内のみならず、地球レベルでのグローバル化が進むと、さらに根本から揺り動かすような大きな変化が、加速度的に生じてきているのではないだろうか。

Ⅵ 『君の名は。』に見る現代社会――「意味」が削ぎ落とされて「形」だけがある

すでに繰り返し述べてきたが、糸守や宮水神社の歴史の記録は２００年前の大火によってすべて失われている。祖母が伝統を継承しようと努めてはいるが、組紐や神社の儀式の「形」が伝えられているだ

けで、その「意味」の伝承は途切れている。神社や土地に伝わる伝統的な「形」には元々その成り立ちを語る「物語」があったはずであり、それが人々に語り継がれる中でその「意味」も伝わるのではないだろうか。そのような「物語」が糸守という町、宮水家においても、語り継がれてきていないということから、200年も前から、繋ぐとか結ぶとかいう力がずっと弱まってきていたことが象徴的に示唆されているように思われる。

宗教学者の中沢新一（2002）は、神話は、物語ではあるが我々が普通物語と呼んでいるものとは違い、「みだりに語ったり聞いたりしてはいけない」、「限られた時間と空間の中で、おごそかな雰囲気に取り囲まれながら語られることが多い」と述べている。これは糸守のような町の、神事や伝統の成り立ちを語る「物語」にも当てはまりはしないだろうか。そのような「物語」に対して、人々は本来畏れのようなものをもってしかるべきであると思われる。畏れを感じる力のようなものは、意図的に教えられるものではなく、「母なるもの」に守られながら、そこに「父なるもの」の力が相まって育まれるものではないだろうか。この辺りに糸守や宮水家が抱えていた問題、ひいては現代社会の問題が潜んでいるのかもしれない。

ここで、「母なるもの」の力を母性原理、「父なるもの」の力を父性原理と言い換えることも可能である。母性原理は、その機能が「繋ぐ」、「包含する」ことであるのに対して、父性原理は「切断」「分ける」ことを特徴としている。

余談になるが、何年か前に学生たちと話していて、彼らが神話に出てくる神々の名前をよく知っていることに驚いたことがある。尋ねてみると、昨今のゲームのキャラクターとして、神話の神々の名前がよく用いられているということだった。しかし、彼らはキャラクターの名前や、ゲームにおけるその神の性能には精通していても、元々の神話は何も知らないということだった。

日常生活においても、情報ばかりが氾濫しており、その背後にあるはずの意味を語る物語が削ぎ落とされてしまっているような思いに駆られることがある。

たとえば、人は、パワースポットと呼ばれるところに行き、写真に撮ってＳＮＳに投稿する。そのような場所に行くプロセスや、その場所で、心の中で為されるはずの目に見えない内的な仕事については問われることはなく、そこに行ったという事実だけが、外界に向けて発信される。

また、我々は自由になり選択肢が増えたようでありながら、あらゆることがマニュアル化され、自分の頭で考えることは、危機管理の発想から、むしろ危険で、間違っていると思わされることも少なくない。だからこそ、「形」としてマニュアル化されたものに飛びついてしまうのではないだろうか。良い意味での寛容さに欠ける社会になりつつあるということも、このことに関係しているかもしれない。

現状を指摘してただ非難するのは簡単だが、物事をもう少し丁寧に掘り下げてみる必要があるのではないか。このような現象が生じてきている背景にも、肯定的な意味での「母なるもの」の守る力が弱まっていることがあるのではないだろうか。だからといって、簡単に「母なるものを」取り戻せばよい、といっているわけではない。「母なるもの」の力が弱体化していることにも意味があると思う。

「母なるもの」の容器の中で、その庇護のもと幸せに生きていても、いったん外を見てしまうと、もはやその中で皆と同じように「お母さんの可愛い子ども」でいることに満足はできないものだからである。昨今「同調圧力」なる言葉をよく耳にするようになったのもこのことと関係しているように思われる。しかし、本当は異なる意味をもつ事象であるにもかかわらず、すべて「同調圧力」というひとつの概念で片づけられているようにも見える。これはまた日本文化や日本人の心性をめぐる大きなテーマであるため、この点について述べるのはまた別の機会に譲る。

『君の名は。』においては、三葉と瀧が「入れ替わり」によって互いの中身を知るのが先で、日常の場面で名乗り合って名前を知るのは最後の最後だった、というのは意味深いことのように思える。「形」ばかりが、その「意味」とは切れて氾濫している現代社会において、この物語が、「形」から「意味」に至るプロセスを描いているという点において、現代社会に何か重要なことを告げているようにも見えないだろうか。

瀧は、東京で霞ヶ関勤務の父と二人暮らしで、食事を作るのも当番制という、ある意味合理的だが、やや「母なるものの」温もりに欠けた生活を送っているように見える。その彼が選ばれ――誰によって選ばれたのかは謎だが――、危機的な状況に直面し、三葉とともに主体的、能動的に動くことで物語が展開する。その経過の中で、死者の世界とつながるというのは宗教的な体験ともいえるであろう。

河合俊雄（2020）は「……自然災害や重篤な病などによる危機的な状況になると、こころの古層となっている前近代的な心性が姿を見せはじめる」と述べているが、『君の名は。』においては、その危機は、1200年ごとに隕石が落ちて町を破壊するという大災害である。

かつて私は、「災害が警告のようになり、我々に宗教的な体験をもたらしているのではないか。主体をどのように確立するのかということを真剣に考えなくてはいけないのではないか」（Yama 2015）と述べたことがある。

『君の名は。』は、故郷の小海町と東京という二つの異なる文化を身をもって知り、どちらかを抑えつけてどちらかだけを生きるというのではなく、どちらも生きている新海誠だからこそ描くことができた物語なのではないだろうか。彼の「『君の名は。』は僕にとって、今までの40年ちょっとの人生をすべてぶつけたような渾身の一作です」（新海／コミックス・ウェーブ・フィルム 2016）という言葉も頷ける。『君の名は。』は現代を生きる我々に、さまざまなテーマを投げかけているように思える。

終章　各章を振り返る

これまでの11章の中で、同じことを繰り返し述べたり、章によって異なる読み解きをしたりしているため、各章で何を述べたかについて、ここで簡単に整理しておく。

第1章　『君の名は。』という物語

『君の名は。』の登場人物と物語の概要を三葉と瀧の出逢いの段階に沿って紹介している。ここでは、物語の読み解きのさまざまな可能性までは言及せず、二人の生きている時間に三年間のズレがあるということを記すに留めている。

第2章　新海誠にとって『君の名は。』の意味するもの

芸術作品にしろ、小説や物語にしろ、作品とは作家の表現物であり、作家自身の人生と切り離せない

ものである。新海自身、「『君の名は。』は僕にとって、今までの40年ちょっとの人生をすべてぶつけたような渾身の一作です」と述べている。彼の経歴や初期の作品をたどり、新海誠にとって、『君の名は。』はどのような意味をもっているのかについて探っている。

第3章　物語が語り始めるまで

2014年7月14日付の最初の企画書をもとに、新海が『君の名は。』を通してどのような物語を語り、人々に何を伝えようとしているのかを探る。また、ティアマト彗星という名前について、ユング心理学の知見を援用して論考を深めている。個人の物語が個人の物語にとどまらず、普遍的な物語の中に組み込まれ、さらには宇宙とのつながりをも回復している点が、現代という時代に対して『君の名は。』が訴えていることではないか。

第4章　ムスビ――「形」から「意味」へ

「意味」はわからなくなり形骸化しているが、「形」だけは伝えられてきているものとして、伝統工芸の組紐、神社が伝承してきた巫女舞、口噛み酒などがある。これらの「形」に込められた「意味」が明らかになっていくプロセスは、三葉と瀧の関係が変容していくプロセスとも重なり、その過程では身体性がキーワードとなる。また「ムスビ」について、肯定的な側面だけではなく否定的な側面にも言及している。さらに、『君の名は。』においては、一見色々なものが断絶しているように見えるが、実は、日に見えない（イメージの）次元で伝えられてきたもの、繋がっているものがあることを示唆している。

第5章 「心」と「体」そして「身」

三葉と瀧は、相手の体の中に入り、異性の体をまず内側から体験した。二人は、互いの体の間の境界を超えて行き来するという前近代的な存在の仕方をしている。その一方で、体の中身がすっぽりと入れ替わるというのは、きわめて現代的でデジタルな現象だともいえるのではないか。相手の体の中で相手の日々の暮らしを体験し、相手の目を通して風景を見ることを通して、二人は、東京と糸守の景色がこれまでとはまったく違ったものとして見える体験をする（「異化」）。日本語の「身」という言葉のもつ意味について味わい、第1章で投げかけた「その人のアイデンティティを決めるのは、体なのか、あるいは体の中の心（魂）なのか」という問いについても思いを巡らせたい。

第6章 沈黙の時期

突然「入れ替わり」が途絶え、二人はこれまでのようにスマートフォンに日記を残すという方法で、コミュニケーションを取ることができなくなる。瀧は、内向、沈潜し、記憶の中にある風景を呼び起こし、それを風景画として描く作業に没頭しながら、糸守や三葉への想いを実感するようになる。私自身の心理療法での体験などを取り上げながら、実際に手を動かしながら絵を描く作業を通して記憶の中のイメージが活性化され、それに伴って感情も呼び覚まされ得るということを示している。「体と記憶と感情は、分かちがたくムスビついている」という小説の中の一文から、これらが結びついていてこそ、記憶は生きた記憶になり得るとする。

第7章　涙の意味

映画の中には、三葉と瀧が涙を流している場面が繰り返し出てくる。興味深いことに、彼らが、なぜ自分が涙を流しているのかわかっていないように見えることもあり、時には鏡を見て初めて自分が涙を流していることに気づくような場面もある。それにもかかわらず、大量の涙が目から溢れ出ていたりして、非常に不思議な印象を受ける。それぞれの場面の涙が何を意味しているのか、感情、体、記憶の観点から考察する。

第8章　冥界への旅

瀧は、ようやく糸守を探し当てるが、町はすでに三年前、隕石落下のため壊滅的に破壊され、三葉はそのときに亡くなっていたことを知る。瀧は、一葉の「紐は、時間の流れそのもの、捻れたり、戻ったりつながったり。それが時間……」という言葉を思い出し、それに願いを託し、時間が戻るということがあるのならば、三葉を救うことができるかもしれない、と冥界に向かう。

新海は「観客を『幸せな気持ちにしたい』という思い」から、三葉は助かり二人は現実の世界で出逢うという物語にしたというが、この章では、私は、一連の出来事を、瀧が冥界に行きすでに亡くなっている三葉と出逢った、と理解したくなった。
東日本大震災の後に、犠牲者の家族が亡くなった人の姿を見たり、声を聞いたりしたという不思議な体験を取り上げ、この世界は生者たちによってのみ成り立っているわけではない、死者たちが、生き残った者たちを支えてくれることもあるのではないか、と述べた。それはただの「被災地の幽霊譚」だとか、ただの「非科学的な話」ということで一括りにされたり、片づけられてよいものとは決して思えないし、信じるとか信じないとかの問題でもない、と私は思う。

第9章　境界で体験したこと

瀧は、宮水神社のご神体に向かい、口噛み酒を飲み、彗星落下にまつわる宇宙の歴史、日本列島の歴史、糸守町の歴史、そして三葉の人生の物語を一瞬のうちに見るという、臨死体験のような不思議な体験をする。その後、二人は黄昏時に、ご神体のある隠り世で、三年間の時間差を超えて本来の姿で出逢う。果てしなく広がる宇宙の中に、地球があり、日本があり、糸守があり、三葉がいる。これら大小の物語はバラバラにあるのではなく、それぞれの歴史と記憶が編み込まれて一本の組紐になっていくのを、時間の流れと理解したい。心理療法での体験にも言及しながら、自分が遥かな時間の流れの中に存在しているという実感がもてることの意味について考えている。

第10章　『君の名は。』における時間

『君の名は。』は、映画を見ていると時間が進んだり戻ったりするため、一回見ただけではよくわからないという人も多いので、時系列に沿って物語をいったん整理している。

その上で、時間の流れを組紐に例えるならば、物語の終わりには、二種類の組紐が存在し得るのではないかと提案する。一本は、時間が三年前に戻り、三葉は助かり、瀧と再び逢うことができるというもの。もう一本は、やはり時間が戻るということはなく、三葉は亡くなっている、瀧がご神体の山頂で逢ったのは、特別な時間（昼と夜の境界）に、死の世界から瀧に逢うためにやってきた三葉だった、というものである。その場合、東京で二人が再会することは叶わないが、瀧の中に、三葉との記憶はずっとイメージとして残り続けるのではないか。瀧は、三葉の小さな物語を共に生き、見届けた。それは彼の魂と結びついた記憶となり、彼の中で生き続ける。

我々は皆、必ずいつか死ぬ。それまでの時間、我々はそれぞれ自分の小さな物語を紡ぎ、それを遺して「この世」を去っていく。宇宙の歴史から見ればそれはほんのとるに足りない僅かな時間であるが、我々の心の中の小宇宙《ミクロコスモス》は無限の広がりをもって存在し、我々が紡ぐ小さな物語は、大宇宙《マクロコスモス》の大きな物語の中に組み込まれてずっと存在し続ける。

第11章　現代における『君の名は。』の意味

『君の名は。』においては「ムスビ」が一つの重要なテーマとなっていると思われる。そこで、「母な

るもの」、「グレートマザー」をキーワードに『君の名は。』を読み、現代におけるこの物語のもつ意味を探っている。その際、宮崎駿監督の『となりのトトロ』や『千と千尋の神隠し』に描かれている「母なるもの」にも言及し、時代の流れの中で社会や人間のありようがどのように変化してきているかについて考察を試みている。

『君の名は。』を読み解くことを通して見えてきた現代社会、現代人の心の状況を踏まえ、今後我々が取り組むべき課題についての提言もしている。読者の方々にも我が身のこととして考えていただけると幸いである。

あとがき

初めて『君の名は。』を観たのは、海外からの帰りの飛行機の中だった。仕事を終えた安堵感と疲労感の入り混じったまどろみの中、すでに何本かの映画を観ていた私には、時空を超えて展開する複雑なストーリーを追うだけの余力はなく、ずっと夢を見ているような不思議な感覚だけが残った。ティアマト彗星が二つに割れて地上に落ちていく美しい映像が印象的で、今も脳裏に鮮やかに焼き付いている。

その後耳にした、周囲の同年代の『君の名は。』に対しての感想は、「高校生の頃見たらよかったかもしれないけど……」などと、少し期待外れといった様子で概して反応はあまりよくなかった。それに対して、学生たちの反応は多様だった。映画のモデルとなった聖地と呼ばれる場所で撮ってきた写真を次々と見せてくれる人、「無意識を描いたまさに深層心理学そのものみたい」と興奮気味に言う人、「私にも似たような体験があった」と熱っぽく語る人、また「前半はよかったけど、後半は何か怖かった」、「お母さんは全然わからないと言っていたけれど、私はすごくいいと思った」、「どうしても高校生の恋愛物語というのが前面に出ているので、大学生になって見ると今ひとつというところがある」等々、評価は分かれていた。よかったと言う人たちの多くからは深いところで感動した様子が伝わってくるにもかかわらず、それをうまく言葉にできないというのが印象的だった。

物語の捉えられ方は、観る側がどのような意識の水準をもって見るかによって、随分異なると思われる。まったく知らない人と突然体が入れ替わるとか、時間が三年前に戻るといった現象をそのまま頭で理解しようとすると、あり得ない、訳がわからない話ということになるだろうし、災害の後の廃墟や死者の世界に足を踏み入れるような場面に怖さを感じる人もいるだろう。あるいはそのような部分は気に留めず、運命によって定められた二人が出逢うロマンチックな物語という捉え方もあるだろう。

序章で、私は「機内で観たときの映画の印象を大切にしながら……物語のイメージを深められないかと思う」と述べた。このときの「ずっと夢を見ているような不思議な感覚」、つまり半ば眠っているときのように意識の水準を下げたまま、頭で考えるのではなく、自分自身が三葉や瀧の中に入り込み、共にその感覚を味わってみたり、彼らの記憶の体験——薄れていったり呼び戻されたり——を追体験したりしてみた。それは私の中でもいろいろな記憶や感情が蘇る体験でもあった。美しい映像や音楽が、私の『君の名は。』体験をさらにイメージ豊かなものにしてくれた。

その後本書を執筆するにあたっては、ＤＶＤを何度も止めては戻し、数え切れないくらい繰り返し観た。さらに小説と照合しながら、今度は意識の水準を上げて、知的機能に頼って、複雑な時系列や事実関係の検証も試みた。そのような見方から、心理療法家として現代人の心について考える上で、新たに興味深い発見が幾つもあった。

プロデューサーの川村元気は小説版の解説の中で「新海誠が描いた物語やコンテを、野田洋次郎が受け取って音楽として広げ、それらが合わさってこの小説となった。そして小説が書かれたことにより、完成間近の映画がさらなる膨らみを見せている」と述べている。まるで、小説、音楽、映画――言葉、音楽、映像（絵画）――が、一本の組紐に編み込まれていくようだ。「よりあつまって形を作り、捻れて絡まって、時には戻って、途切れ、またつながり。それが組紐。それが時間。それが、ムスビ」という小説版の中の一葉の言葉が思い出され、この後に「そしてそれが『君の名は。』」と付け加えたいような気持ちになる。こうして『君の名は。』は非常に奥行きのある作品になっている。このような物語は作家本人の意図を超えたところでも、多くのことを語ってくれるものである。

2022年8月には台湾で、9月にはフランスで『君の名は。』を巡っての講演及び研究発表を予定している。海外での反応が楽しみである。なお本研究を遂行するにあたり、京都先端科学大学から研究助成（KUASプロジェクト「分野横断型研究活動支援」）を受けた。

本書の執筆に際して、丁寧に原稿を読み、私を励まし、細やかに指摘をしてくださった新曜社の編集担当の田中由美子さんには大変お世話になった。心から感謝を申し上げる。

2022年8月14日

山　愛美

引用文献

序　章

新海誠（2016）君の名は。公式ビジュアルガイド：新海誠監督作品　KADOKAWA，p.58

新海誠（2017）『君の名は。』新海誠監督が語る「2011年以前とは、みんなが求めるものが変わってきた」（インタビュアー：安藤健二）ハフィントンポスト　https://www.huffingtonpost.jp/2016/12/20/makoto-shinkai_n_13739354.html

朝日新聞デジタル（2018年6月17日）「君の名は。」の起点は宮城・閖上　震災直後にスケッチ　https://www.asahi.com/articles/ASL6F7QP4L6FUNHB01F.html

CINEMAランキング通信（2022年6月26日現在）歴代興収ベスト100　興行通信社　http://www.kogyotsushin.com/archives/alltime/

世界歴代興行収入上位の日本のアニメ映画　https://ja.wikipedia.org/wiki/興行収入上位の日本のアニメ映画一覧

山愛美（2019）「日本臨床心理身体運動学会 第20回大会 パネルディスカッション『イメージの力』パネリスト発表」臨床心理身体運動学研究第21巻第1号 3-6.／（初出：2017年、日本臨床心理身体運動学会 第20回大会にてパネリストとして『君の名は。』について発表）

山愛美（2018）「夢のイメージは時空を超えて：深層心理学の視点から」京都先端科学大学 人文学部校名変更記念連続講演会

山愛美（2021）「アニメーション映画『君の名は。』を巡る試論」臨床心理身体運動学研究第23巻第1号 9-26.

第1章

新海誠（2016）小説　君の名は。角川文庫

株式会社東宝ステラ編（2016）新海誠監督作品 君の名は。Pamphlet vol.2：Collection of interviews　東宝株式会社映像事業部，p.40

石黒浩（2021）ロボットと人間：人とは何か　岩波新書

第2章

新海誠／コミックス・ウェーブ・フィルム（2016）新海誠 Walker：光の輝跡　KADOKAWA

デイリー新潮（2016）「君の名は。」父が語る新海誠監督“家業を継がせるつもりでした”（2016年10月12日）https://www.dailyshincho.jp/article/2016/10120559/?all=1

新海誠（2017）『君の名は。』新海誠監督の人生を変えたのは、宮崎駿さんの『天空の城ラピュタ』だった（インタビュアー：安藤健二）ハフィントンポスト　https://www.huffingtonpost.jp/2016/12/20/makoto-shinkai_n_13741822.html

新海誠（1999）『彼女と彼女の猫』https://www.youtube.com/watch?v=8-ANtYTLMIY（この作品はYoutubeで視聴可能である）

新海誠（2019）アニメーション映画の現在 2019「インタビュー　新海誠」（インタビュアー：高瀬康司）キネマ旬報 2019年12月下旬号，p.35

近藤正高（2020）『天気の子』新海誠47歳に　26歳までアニメ業界未経験の「異色すぎる履歴書」とは　文春オンライン　https://bunshun.jp/articles/-/32763

新海誠（2016）「監督新海誠インタビュー」 月刊MdN2016年10月号（特集：君の名は。彼と彼女と、そして風景が紡ぐ物語／新海誠），pp.72-81

山愛美（2019）村上春樹、方法としての小説：記憶の古層へ　新曜社

第3章

新海誠（2016）君の名は。公式ビジュアルガイド：新海誠監督作品「COLUMN3 新海誠ミニインタビュー はじまりの企画書」KADOKAWA，p.84

木村朗子（2016）「古代を橋渡す」ユリイカ 2016年9月号，p.64

鈴木裕子編（2009）とりかへばや物語　角川ソフィア文庫

新海誠／コミックス・ウェーブ・フィルム（2016）新海誠 Walker：光の輝跡　KADOKAWA

新海誠（2021）新海誠監督最新作『すずめの戸締まり』製作発表会見　東宝 MOVIE チャンネル　https://www.youtube.com/watch?v=D0DuSbpCRCg

Edinger, E. F.（1987）*The Christian archetype: A Jungian commentary on the life of Christ*. Inner City Books.［岸本寛史・山愛美訳（2022）キリスト元型：ユングが見たイエスの生涯　青土社，p.20］

Edinger, E. F.（1985）*Anatomy of the psyche: Alchemical symbolism in psychotherapy*. Open Court.［岸本寛史・山愛美訳（2004）心の解剖学：錬金術的セラピー原論　新曜社］

Kenton, W.（1974）*Astrology: The celestial mirror*. Thames and Hudson.［矢島文夫訳（1977）占星術：天と地のドラマ　平凡社，p.5］

Greene, L.（2018）*Jung's studies in astrology: Prophecy, magic, and the qualities of time*. Routledge.［上原ゆうこ訳（2019）占星術とユング心理学：ユング思想の起源としての占星術と魔術　原書房，p.34］

鏡リュウジ（2022）監訳者あとがき　リズ・グリーン著，片桐晶訳，鏡リュウジ監訳『赤の書』と占星術：ユングを導いた占星術の惑星神たち　原書房，pp.333–339

Bottéro, J.（1987）*Mésopotamie: L'écriture, la raison et les dieux*. Gallimard.［松島英子訳（1998）メソポタミア：文字・理性・神々　法政大学出版局］

Gray, J.（1982）*Near Eastern mythology*. Hamlyn.［森雅子訳（1993）オリエント神話　青土社］

Chevalier, J. & Gheerbrant, A.（1982）*Dictionnaire des symboles*. Robert Laffont et Jupiter.［金光仁三郎ほか訳（1996）世界シンボル大事典　大修館書店］

Edinger, E. F.（1996）*The Aion lectures: Exploring the self in C.G. Jung's Aion*. Inner Books.［岸本寛史・山愛美訳（2020）ユングの『アイオーン』を読む：時代精神と自己（セルフ）の探究　青土社］

Neumann, E.（1971）*Ursprungsgeschichte des Bewusstseins*. Walter.［林道義訳（2006）意識の起源史（改訂新装版）　紀伊國屋書店］

第4章

新海誠（2016a）『君の名は。』大ヒットの理由を新海誠監督が自ら読み解く（上）　週刊ダイヤモンド編集部　https://diamond.jp/articles/-/102660

新海誠（2016b）君の名は。公式ビジュアルガイド：新海誠監督作品　KADOKAWA，p.58

Kerényi, K.（1951）*Die Mythologie der Griechen*. Rhein-Verlag.［植田兼義訳（1985）ギリシアの神話：神々の時代　中公文庫］

赤坂憲雄・玉野井麻利子・三砂ちづる（2008）歴史と記憶：場所・身体・時間　藤原書店，p.97

新海誠（2016c）2016年11月29日付のTwitter　https://twitter.com/shinkaimakoto/status/803437349447208960

第5章

Шкло́вский, В.（1917）「手法としての芸術［松原明訳］」桑野隆・大石雅彦編（1988）フォルマリズム：詩的言語論（ロシア・アヴァンギャルド，6）国書刊行会，pp.20–35

新海誠／コミックス・ウェーブ・フィルム（2016）新海誠 Walker：光の輝跡　KADOKAWA，p.17
新海誠（2016a）君の名は。公式ビジュアルガイド：新海誠監督作品　KADOKAWA
横山源之助（1985）日本の下層社会（改版）　岩波文庫
柳田國男（2013）先祖の話　角川ソフィア文庫／（1946）筑摩書房
白川静（2003）常用字解　平凡社
新海誠（2016b）『君の名は。』大ヒットの理由を新海誠監督が自ら読み解く（上）　週刊ダイヤモンド編集部　https://diamond.jp/articles/-/102660

第 7 章

Chevalier, J. & Gheerbrant, A.（1982）*Dictionnaire des symboles*. Robert Laffont et Jupiter.［金光仁三郎ほか訳（1996）世界シンボル大事典　大修館書店］

第 8 章

新海誠（2017）『君の名は。』新海誠監督が語る「2011 年以前とは、みんなが求めるものが変わってきた」（インタビュアー：安藤健二）ハフィントンポスト　https://www.huffingtonpost.jp/2016/12/20/makoto-shinkai_n_13739354.html
東北学院大学震災の記録プロジェクト・金菱清（ゼミナール）編（2016）呼び覚まされる霊性の震災学：3.11 生と死のはざまで　新曜社
宇田川敬介（2016）震災後の不思議な話：三陸の「怪談」　飛鳥新社
奥野修司（2017）魂でもいいから、そばにいて：3・11 後の霊体験を聞く　新潮社
Yama, M.（2019）The Meaning of Mystical Experiences on the Boundary

between Life and Death. *Jung Journal Culture & Psyche*, 13(2), 21-34.

第9章

赤坂憲雄（2002）境界の発生　講談社学術文庫，p.17／(1989）砂子屋書房

Yama, M.（2013）Ego consciousness in the Japanese psyche: Culture, myth and disaster. *Journal of Analytical Psychology*, 58(1), 52-72.

西郷信綱（2005）古事記注釈 第1巻　ちくま学芸文庫，p.100, 101／(1975）平凡社

安藤礼二（2010）場所《ばしょ》と産霊《ムスビ》：近代日本思想史　講談社，p.193

山愛美（2019）村上春樹、方法としての小説：記憶の古層へ　新曜社

村上春樹（1999）アンダーグラウンド　講談社文庫／(1997）講談社

朝日新聞社会部編（1990）日航ジャンボ機墜落：朝日新聞の24時　朝日文庫／(1985）朝日新聞社

小川洋子・河合隼雄（2011）生きるとは、自分の物語をつくること　新潮文庫／(2008）新潮社（初出「考える人」2008号冬号）

第10章

村上春樹（2011）「『壁と卵』――エルサレム賞・受賞のあいさつ」村上春樹 雑文集　新潮社，pp.75-80

村上春樹（2012）「アウトサイダー」 夢を見るために毎朝僕は目覚めるのです：村上春樹インタビュー集 1997-2011　文春文庫，pp.9-29（初出 1997）

第11章

Wikipedia となりのトトロ「テレビ放送の視聴率」https://ja.wikipedia.org/wiki/となりのトトロ#テレビ放送の視聴率

日本テレビ（2014）金曜ロードショー公式ツイッター　https://twitter.

com/kinro_ntv/status/487571204799078400

Yama, M. (2018) *Spirited Away* and its depiction of Japanese traditional culture. Hockley, L. (Ed.), *The Routledge International Handbook of Jungian Film Studies*. Routledge, pp.264–276.

Jung, C. G. (1938/1954) Psychological aspects of the mother archetype. Translated by R. F. C. Hull (1968), *The archetypes and the collective unconscious* (2nd ed., The collected works of C. G. Jung Vol.9, part1 パラグラフ 158). Princeton University Press.

中沢新一 (2002) 人類最古の哲学：カイエ ソバージュ 1　講談社選書メチエ

河合俊雄 (2020) 心理療法家がみた日本のこころ：いま、「こころの古層」を探る　ミネルヴァ書房，p.4

Yama, M. (2015) 口頭発表 Disaster as a Religious Experience: Establishing a New Subject in the Japanese Psyche. IAJS & IAAP Joint Conference, Yale University.

新海誠／コミックス・ウェーブ・フィルム (2016) 新海誠 Walker：光の輝跡　KADOKAWA

著者紹介

山　愛美（やま　めぐみ）
京都市生まれ。京都大学教育学部卒業、京都大学大学院教育学研究科修士課程修了、同博士課程学修認定退学。博士（教育学）。臨床心理士。京都先端科学大学人文学部心理学科教授。
専門：深層心理学、臨床心理学
主要著書：『言葉の深みへ』誠信書房、『香月泰男 黒の創造——シベリアを描き続けた画家、制作活動と作品の深層』遠見書房、『村上春樹、方法としての小説』新曜社、*Contemporary Influences of C. G. Jung's Thought*（共著）Brill, *The Routledge International Handbook of Jungian Film Studies*（共著）Routledge など。『心の解剖学』（共訳）新曜社など英・独語のユング心理学関係の翻訳も手がけている。

心理療法家がよみとく「君の名は。」
目に見えないイメージの力

初版第1刷発行　2022年10月18日

著　者　山　愛美
発行者　塩浦　暲
発行所　株式会社　新曜社
〒101-0051　東京都千代田区神田神保町3-9
電話(03)3264-4973(代)・FAX(03)3239-2958
E-mail：info@shin-yo-sha.co.jp
URL：https://www.shin-yo-sha.co.jp/

印　刷　長野印刷商工
製　本　積信堂

ISBN978-4-7885-1789-9　C1011